VIAJE
SAGRADO

VIAJE SAGRADO

VIVIR CON PROPÓSITO Y MORIR SIN MIEDO

SWAMI RAMA

Himalayan Institute Hospital Trust
Swami Rama Nagar, P.O. Doiwala
Distt. Dehradun 248140, Uttaranchal, India

Agradecimientos

Queremos expresar nuestra gratitud a Richard Kenyon por la compilación del texto desde varias fuentes, la Dra. Barbara Bova por la edición, Connie Gage por el diseño de la cubierta, a Wesley Van Linda por toda su ayuda que ha hecho posible esta aventura, y a los miembros de la *Asociación Cultural para el estudio del Yoga,* Madrid (España), por traducir este libro al español.

Versión original inglesa: *Sacred Journey: Living Purposefully and Dying Gracefully.*

© 2002 por el Himalayan Institute Hospital Trust
ISBN 8-188157-06-6
Primera edición española 2002
Library of Congress Control Number 2002113828

Publicado por:

Himalayan Institute Hospital Trust
Swami Rama Nagar, P.O. Doiwala
Distt. Dehradun 248140, Uttaranchal, India
Tel: 91-135-412068, Fax: 91-135-412008
hihtsrc@sancharnet.in; www.hihtindia.org

Distribuido por:
Lotus Press
P.O. Box 325
Twin Lakes, WI 53181 USA
lotuspress@lotuspress.com;
www.lotuspress.com
800-824-6396

CONTENIDO

Introducción

Este libro trata de la relación entre la vida y la muerte, y del "cómo" y "porqué" organizar nuestra vida de un modo que permita la expansión y el crecimiento y nos prepare para esta transición llamada muerte.

La civilización moderna es una maravilla de logro tecnológico, de riqueza material y de sistemas de comunicación que han reducido el planeta. Pese a la riqueza y la comodidad de la vida moderna los seres humanos no están satisfechos. No son felices a causa de su actitud hacia los objetos del mundo y sus relaciones con los demás. Durante toda su vida sostienen la idea de que han de poseer más y más cosas y que, al relacionarse con lo que les rodea, han de recibir en vez de dar. Se apegan a las personas y a los objetos, los poseen y temen perderlos en lugar de tan sólo disfrutar de ellos.

En el curso de una vida dedicada a necesitar, tener y retener, el miedo a la muerte crece y aumenta, creando una espiral de más necesidad, más miedo y dolor permanente. De este modo la vida no puede ser efectiva y se desperdicia. Se teme la muerte, se la niega y se la aleja lo más posible de la mente en vez de aceptarla como una parte natural e inevitable de la experiencia humana. Así es como nadie está preparado para la muerte.

Este miedo a la muerte es la causa de la necesidad insaciable de tener más cosas: nuevas relaciones, más comodidades materiales, entretenimientos sin fin, y de consumir drogas y alcohol. Todas estas cosas mantienen la realidad de la muerte a distancia. Son las herramientas para negar. Pero de nada sirven.

Para entender la muerte, una persona tiene que intentar entender el propósito de la vida y la relación entre la vida y la muerte. Ambas están asociadas y cada una proporciona un contexto para la otra. La muerte no es un período, sino tan sólo una pausa en un largo viaje. Cuando se acepta que la vida y la muerte tienen un verdadero sentido y un propósito, se entiende y se acepta la muerte como parte del viaje humano, entonces el miedo a la muerte desaparece y se puede vivir con plenitud.

Este libro trata de la relación entre la vida y la muerte, y del "cómo" y "porqué" organizar nuestra vida de un modo que permita la expansión y el crecimiento y nos prepare para esta transición llamada muerte.

El Camino que se describe en este libro proviene en gran parte de la antiquísima Escritura Hindú conocida como los Upanishads y que comprende la última parte de los Vedas, las revelaciones espirituales más antiguas de la historia de la humanidad.

Hay cuatro Vedas–Rik, Yajus, Sama y Atharva– y cada uno se divide en dos secciones generales. La primera de cada una de estas secciones está compuesta por himnos, reglas de conducta o introducciones acerca de cómo llevar a cabo los rituales y los sacramentos. La segunda sección es metafísica y trata del conocimiento de la Realidad Absoluta. Los Upanishads son éstas segundas secciones.

La Tradición cuenta ciento ocho Upanishads, aunque hay casi doscientos. De éstos, diez explican la filosofía Vedanta. Se les reconoce como textos revelados a través de la sabiduría que inspiró a grandes Maestros en el llamado estado de "samadhi", el más puro e intenso. Estos Maestros los transmitieron a sus discípulos que los conservaron con reverencia de una generación a otra.

La palabra Upanishad significa "sentarse cerca" –sentarse a los pies de un Maestro y escuchar la narración de estas Escrituras profundas y a menudo esotéricas y simbólicas–.

Otra interpretación dice que la palabra Upanishad proviene del verbo sánscrito "sad", que significa destruir, aflojar o guiar. Un Upanishad es aquello que destruye la ignorancia que ata al ser a todo lo transitorio. Un Upanishad ayuda a aflojar nuestro apego al mundo material, a nuestro aspecto físico y perecedero, guiándonos para que podamos alcanzar nuestra meta final.

Estas Escrituras enseñan que la vida humana tiene un propósito y un sentido. Todos los seres humanos saben esto en el fondo de sí mismos, aunque lo discutan y crean filosofías que afirman que la vida no tiene ningún propósito, que es tan sólo un acontecimiento accidental en un universo sin límite. De un modo u otro todos buscamos felicidad, quietud y paz en la mente y en el corazón.

Los Upanishads son mapas que señalan el camino de la liberación y el significado de la vida y de la muerte. Este camino lo aclara un tema central que recorre todas estas Escrituras: todo es esencialmente Uno.

Una de las enseñanzas más excepcionales y destacables de los Upanishads es que el universo material es más una manifestación que una creación. Una Realidad Absoluta se manifiesta en múltiples formas. Este enfoque es diferente de la idea occidental de un creador que está separado de su creación. En las Enseñanzas de los Upanishads se descarta la dualidad completamente. Eko ham bahu Syam. Hay tan solo Uno, aquí, allí y en todas partes. El Uno es Brahman, el término utilizado en los Upanishads para designar a la Realidad o pura Consciencia. "Brahman es real", afirman los Upanishads, "y los objetos del mundo son transitorios e irreales". Todo lo que no sea Brahman es ilusorio. Brahman es la fuente de la vida, de la luz, de la existencia. El propósito de la vida es realizar esta verdad.

La mayoría de los seres humanos tiene tendencia a buscar su felicidad en lo exterior, en los objetos del mundo. Los Upanishads nos dicen que no se puede encontrar la felicidad en los objetos del mundo. Estas cosas, las relaciones con los demás incluidas, son efímeras y lo que es efímero no puede proporcionar ni paz ni alegría duraderas.

Los Upanishads nos dicen que miremos hacia dentro para encontrar lo que es eterno: "El hombre mira hacia fuera y no ve lo que está dentro". "Excepcional es aquel que, anhelando la inmortalidad, cierra los ojos ante lo exterior y contempla al Ser. Los insensatos siguen los deseos de la carne y caen en la trampa de la muerte que lo abarca todo, pero aquel que tiene sabiduría, sabiendo que el Ser es eterno, no busca las cosas perecederas".

¡Cuán similar es esto a lo que San Pablo escribió a los Corintios cuando les recordaba que todo en la vida es para el crecimiento espiritual!. "Todas las cosas son para vuestro bien", les decía. "Utilizadlas con sabiduría. La vida es breve.....aunque lo exterior del hombre perece el hombre interior se renueva día a día, porque las cosas que se ven son temporales pero las que no se ven son eternas".

Jesús guió a sus discípulos del mismo modo en el Sermón de la Montaña:

"No acumuléis para vosotros tesoros en la tierra, donde la polilla y la herrumbre todo lo corroe y donde los ladrones entran y roban. Acumulad tesoros en el Cielo, donde ni la polilla ni la herrumbre los dañan y donde los ladrones ni entran ni roban.

Porque donde está vuestro tesoro allí está vuestro corazón".

El propósito de la vida es discernir entre lo que es exterior, efímero, y lo que es interior y eterno, y descubrir a través de la práctica y de la experiencia la infinita valía de lo uno sobre lo otro. Tras discernir esto la vida cobra un significado alegre y el miedo a la muerte se desvanece.

Se conocen también los Upanishads como el Vendanta, o fin de los Vedas, y como tal expresan la finalidad más sublime que es alcanzar el conocimiento supremo, el que libera el alma individual de la esclavitud.

Este libro es el resultado de una serie de conferencias dadas durante congresos en Chicago y en Honesdale, Pennsylvania, U.S.A. Se han realizado pequeñas correcciones en algunos puntos.

Swami Rama
Jolly Grant, Dehradum,U.P., India
Noviembre 1995

1.

Kathopanishad

El Upanishad que vamos a examinar en este libro es el Kathopanishad, una Escritura que desvela el misterio de la muerte y el significado de la vida.

Se cuenta una antigua historia acerca del principio de los tiempos. El universo estaba en proceso de creación y aún no se encontraba todo en orden y funcionando. Antes de que el universo fuera ajustado por completo, el Creador tenía una última tarea que llevar a cabo. Para que le ayudara en esto el Señor mandó venir a un ángel.

El ángel vino. El Creador le dijo que él, el Señor, tenía un último trabajo que hacer en la fabricación del universo. "He guardado lo mejor para lo último" le dijo el Creador al ángel. "Tengo aquí el verdadero sentido de la vida humana, el tesoro de la vida, el propósito y meta de todo esto que he creado. Y puesto que este tesoro tiene un valor más allá de toda descripción", continuó el Señor, "quiero que lo escondas. Esconde este tesoro tan bien que los seres humanos sepan que su valor es incalculable".

"Así lo haré, Señor", dijo el ángel, "esconderé el tesoro de la vida en la cima de la montaña más alta".

"Allí el tesoro será demasiado fácil de encontrar", dijo el Señor.

"Entonces", dijo el ángel, "lo esconderé en el desierto más grande. Seguro que allí el tesoro no será fácil de encontrar".

"No, demasiado fácil".

"¿Y en los confines del universo?" preguntó el ángel. "Eso sí que hará su búsqueda difícil".

"No", dijo el Creador pensativo. En este momento un relámpago de inspiración apareció en su rostro. "Ya sé". Tengo el sitio. Esconde el tesoro de la vida dentro del ser humano. Es el último lugar donde lo va a buscar y así sabrá cuan valioso es este tesoro. Sí, escóndelo allí".

Este tesoro y su búsqueda son el tema de los Upanishads. Dada la naturaleza de los seres humanos este tesoro está realmente bien escondido. Tal y como el Señor dijo en la historia anterior el último lugar donde los seres humanos buscan la Realidad auténtica es dentro de ellos mismos. Buscan significado en toda la multiplicidad de objetos del mundo, y cada vez, después de cada esfuerzo bien intencionado, terminan sin nada que valga la pena. Así es como se crea un ciclo perpetuo de nacimientos y muertes. Se pasan la vida corriendo detrás de cosas que son tan sólo temporales y cuando llega la muerte tienen las manos vacías, con tan sólo una invitación a volver a empezar.

Los Upanishads dicen que el ignorante sigue aceptando esta invitación, pero que aquel que tiene sabiduría ve lo inútil del interminable diseño de nacimientos y muertes y busca dentro de sí lo que es eterno.

Según los Upanishads aquello que buscamos dentro se llama Atman, el puro Ser, nuestra identidad real que, según nos dice la Biblia, está hecho a la imagen y semejanza de Dios. El verdadero Ser no puede ser reconocido por los sentidos ni por la mente. Es el tesoro escondido dentro del alma, y tiene su morada en lo más secreto y profundo del corazón. Es muy sutil, insondable y eterno. Existía al principio de la creación, existe ahora y seguirá existiendo en el futuro.

El universo de los fenómenos, según explican los Upanishads una y otra vez, es efímero, constantemente cambiante, evoluciona, crece, decae y muere. Sigue así, yendo, viniendo y muriendo. Tal es su naturaleza. Aquel que llega a sentir apego por el mundo de los fenómenos y formas cambiantes, con seguridad termina sufriendo. Sin embargo el mundo de los fenómenos juega el papel de conducir al ser humano al reino de lo imperecedero. El dolor y el miedo a la muerte, que son naturales en el mundo material, tienen el propósito de guiar a una persona hacia la sabiduría. Llega un momento en que el individuo se da cuenta de que la existencia es algo más. Entonces empieza a buscar seriamente una alternativa como propósito final de la vida.

El Upanishad que vamos a examinar en este libro es el Kathopanishad, una Escritura que desvela el misterio de la muerte y el significado de la vida. De todos los Upanishads es el más lúcido y el más comprensible, en cuanto se refiere al conocimiento de Atman aquí y en el más allá. Define con claridad las alternativas que se presentan a la humanidad en relación con el propósito de la vida y las decisiones que finalmente hay que tomar.

Este Upanishad es una hermosa explicación poética del misterio de la vida y de la muerte, la ley de Karma, y de cómo llegar a liberarse de la pena y del dolor. Está compuesto por ciento diecinueve mantras y construido en forma de diálogo entre un joven buscador espiritual, que se llama Nachiketa, y Yama, el rey de la muerte. Yama, a diferencia de cómo le describen la mitología griega y romana, no es terrible.

Fue el primer hombre en morir de los nacidos en la tierra, y era un Maestro plenamente realizado. En esta Escritura se puede comparar a Yama con la inteligencia o poder de discernir más elevado del ser humano, mientras que Nachiketa representa la mente inferior, dotada no obstante de fuerza y de valor.

El diálogo entre ambos revela el carácter de un aspirante espiritual con mucha dedicación, pero todavía sin realización. Nachiketa es alguien que puede entender y admirar. Aunque tiene muchas dudas, su fe es indiscutible. Por encima de todo alberga un anhelo profundo por el conocimiento más elevado y la felicidad definitiva.

Nachiketa está puesto a prueba por Yama para determinar cuan fuerte es su anhelo de la verdad. ¿Es más fuerte que las atracciones de los deseos por los objetos mundanos?. Sí, Nachiketa renuncia a todo por la Realización del Ser. Por encima de todo quiere conocer a Atman, el verdadero Ser.

Por su fe, Nachiketa sabe que todos los placeres, incluso las mayores alegrías de la vida, no duran para siempre. Pasan, dejando un rastro de dolor. No importa dónde uno vaya o lo que haga, mientras los deseos mundanos estén presentes, no puede haber verdadera paz. Lo mismo da que una persona viva totalmente inmersa en el mundo, rodeada de placeres y tomando parte en ellos, o que se retire al desierto lejos de todas las tentaciones. Siempre y cuando haya ansias por cosas mundanas, habrá descontento.

La muerte tampoco significa acabar con todos estos deseos. Los seres humanos suelen agarrarse a sus deseos hasta la muerte y traerlos de nuevo con ellos al plano mundano donde los puedan satisfacer.

Es tan sólo en la práctica de la vida diaria como los seres humanos pueden hacer frente a sus deseos y alcanzar el auto-control de sus sentidos y de sus pensamientos, los cuales fomentan los deseos. Han de aprender a elevarse por encima de sus deseos y ver lo poco que valen. Es tan sólo cuando se eleven por encima de ellos, cuando tengan dominio sobre sus sentidos y pensamientos, que empezarán a experimentar verdadera alegría. Descubrirán que a medida que sueltan sus apegos a las cosas del mundo, sus cuerpos físicos incluidos, empezarán a experimentar una paz de un valor infinitamente mayor que la que les pueda ofrecer cualquier riqueza o bienestar material.

Nachiketa entendió eso de forma innata. Podéis decir que su Consciencia le guiaba y que tuvo el valor de seguirla, en vez de seguir los pasos habituales de tantos otros que escogen el camino de los intereses materiales.

El camino descrito por Yama en el Kathopanishad es el camino del yoga, cuya meta es la unión espiritual entre el alma individual y el Supremo Ser de todo.

2.

Lo que Nachiketa Elige

El viaje para descubrir al Verdadero Ser es la meta y propósito de la vida.

La historia de Nachiketa en el Kathopanishad empieza cuando el rico Vajashravas, su padre, va a llevar a cabo un sacrificio muy especial. El sacrificio exige que Vajasharavas se desprenda de toda su riqueza, de todas sus posesiones, y las distribuya a los grandes santos y Brahmines. Era un sacrificio excepcional, llevado a cabo tan sólo por los aspirantes más avanzados. Alguien que pudiera renunciar a todas las cosas transitorias obtendría el conocimiento de Brahman, el conocimiento de la Realidad.

La historia se parece al encuentro de Jesús con el joven gobernador rico en el Nuevo Testamento. Éste le pregunta a Jesús qué hay que hacer para llegar a la vida eterna. Después de que el joven potentado asegura a Jesús que ha obedecido durante toda su vida los mandamientos de no matar, no robar, no cometer adulterio y no mentir, y que ha honrado a su padre y a su madre y amado a su prójimo, Jesús le da una sola instrucción: que dé todo lo que tiene a los pobres y le siga.

El joven rico no puede hacer esto. Aunque sea virtuoso en todos los aspectos, está demasiado apegado a sus posesiones mundanas y a su riqueza. Las Escrituras nos dicen que el joven se fue dolorido. El padre de Nachiketa tampoco podía desprenderse de su riqueza a pesar de tener la seguridad de que obtendría el conocimiento de Brahman después del sacrificio.

El Kathopanishad nos dice que trajo vacas para ofrecerlas como parte del sacrificio, pero tan sólo aquellas vacas que eran viejas, enfermas y estériles y que de poco o de nada servirían a nadie. Vajashravas se guardaba para sí las buenas vacas.

Nachiketa vio estas viejas vacas inútiles que su padre llevaba al sacrificio y supo que una ofrenda tan indigna traería sufrimiento a su padre. Ansioso de ayudarle Nachiketa le recordó que, como hijo suyo, también él era de su propiedad y debería ser incluido en el sacrificio y en la distribución.

"Padre ¿a quien me vas a dar?". Preguntó Nachiketa.

Vajashravas, obsesionado por el conocimiento de que su sacrificio era sólo a medias, proyectó su emoción negativa sobre su hijo e interpretó el ofrecimiento de Nachiketa como un descaro por su parte.

Tres veces le pregunto Nachiketa a su padre a quien le iba a dar. Tras lo cual Vajashravas le contestó con ira: "A ti te daré al Señor de la Muerte, Yama".

Nachiketa, puro de corazón y lleno de fe, tomó las palabras de su padre al pie de la letra.

"No hay nada en la muerte", dijo Nachiketa. "Todas las criaturas florecen como el grano y vuelven a morir. Ahora voy a ser el primero en descubrir la verdad y en revelar el misterio de la muerte".

Cuando Nachiketa llegó a la morada de Yama, el Gobernador de la Muerte no estaba. Pasaron tres noches antes de que volviese. Para disculparse por no haber estado allí para dar la bienvenida a su huésped, Yama ofreció a Nachiketa otorgarle tres deseos, uno por cada noche que le había estado esperando solo, sin la hospitalidad adecuada.

El primer deseo de Nachiketa, demostrando de nuevo el respeto que sentía por su padre, fue que Yama calmase el corazón de Vajashravas, aplacara su ira y evitase cualquier disgusto que le pudiera causar el hecho de que Nachiketa estuviera lejos de casa.

Yama le concedió lo que pedía y dijo: "Oh Nachiketa, tu padre te reconocerá con alegría y te tratará con mucho amor y bondad".

Como segundo favor, Nachiketa le pidió a Yama que le enseñase el sacrificio del fuego y todos los rituales y ceremonias relacionados con ello.

"En el cielo", dijo Nachiketa al pedir el segundo favor, "no hay ni miedo ni muerte, ni edad ni envejecimiento, ni sed ni hambre, ni dolor ni pena. Hay bienaventuranza eterna. Gobernador de la muerte, sólo tú sabes cómo los mortales pueden alcanzar este paraíso de inmensa alegría al realizar el sacrificio. Este es el segundo favor que pido: quiero conocer la naturaleza del sacrificio que lleva a una criatura mortal al cielo".

Yama se lo otorgó y enseño a Nachiketa el sacrificio del fuego, tras lo cual le rogó que formulase su tercer deseo. Nachiketa entró en quietud dentro de sí mismo y le dijo:

"Existe la creencia de que una vez que un hombre se va del mundo, es para siempre. Hay otro punto de vista que dice que vuelve a nacer, que incluso después de la muerte el ser humano no muere realmente sino que permanece en un plano sutil, con un cuerpo sutil y que sólo el ropaje físico se extingue, y a eso se le llama muerte. Hay todavía una tercera creencia y es que el que muere sigue viviendo. ¿Cuál de las tres es la verdad?. ¿Qué existe después de la muerte?. Explícamelo. Esta es mi tercera petición: la verdad en relación con el misterio de la muerte.

Yama no quería explicarle a Nachiketa el misterio de la muerte sin antes poner a prueba el anhelo y la sinceridad de este joven discípulo. Le dijo que hasta los dioses tenían dificultad para entender este misterio.

"Es muy difícil de comprender", dijo Yama. "Pídeme cualquier otra cosa y te la daré con el mayor placer".

Nachiketa se mantuvo firme. Le dijo que aunque los dioses estuvieran perplejos y el tema fuese difícil de entender, no existía mejor profesor que Yama para explicarlo.

"¡Oh Rey de la Muerte!", dijo Nachiketa, "no voy a pedir otra cosa. No hay favor que se le iguale y quiero conocer este secreto".

Yama lo intentó de otra forma y puso a Nachiketa a prueba con las tentaciones con las que se enfrentan todos los seres humanos, la elección entre Dios y Mammón, entre la alegría eterna y los efímeros placeres materiales, entre la realidad y la ilusión.

Yama le ofreció a Nachiketa una vida tan larga como quisiera, con todos los placeres del paraíso. Le dijo que le otorgaría tener hijos, nietos y bisnietos, caballos, elefantes, oro, joyas y piedras preciosas. Le ofreció el gobierno sobre toda la tierra, pero no quería otorgarle su tercer deseo.

"Toma toda esta riqueza y este poder en vez de lo que pides", le dijo Yama. "Cumpliré todos tus deseos excepto éste, porque es el mayor secreto de la vida. Todas las doncellas de las regiones celestes que ningún mortal puede tener, serán tuyas si las quieres. Pero no me vuelvas a pedir esto que me pides, porque no quiero divulgar el secreto de la vida y de la muerte".

Entonces Nachiketa demostró la firmeza y profundidad de su fe y su decisión de conocer el propósito de la vida y la relación entre la vida y la muerte. No estaba interesado en las tentaciones que Yama le ponía delante. No vaciló en contestar a Yama, el Rey de la Muerte:

"¿Qué haré con todos estos objetos efímeros y perecederos?. Todo lo que los sentidos perciben es transitorio y la vida en este plano está sujeta a cambio, a envejecimiento y a muerte. Ni siquiera la vida en el paraíso vale la pena ser vivida sin adquirir el conocimiento de la liberación. Todas tus bailarinas y atracciones mundanas no son más que placeres sensuales. ¡Oh Rey de la Muerte!, quédatelas. Nadie puede adquirir la felicidad con la riqueza mundana. Todos los disfrutes materiales de este mundo e incluso del paraíso están sujetos a cambio. Después de conocer la naturaleza efímera de este mundo ¿Quién quiere una vida longeva?. No me importa vivir mil años. ¿Qué haría con tan larga vida si no puedo obtener la sabiduría más grande y alcanzar el Conocimiento Supremo?.

Cuando Yama hubo comprobado la claridad y la determinación de Nachiketa, con mucho gusto accedió a otorgarle su tercer deseo.

Ahora el Kathopanishad empieza de veras a revelar el secreto de la inmortalidad, el significado de la vida y de la muerte.

La vida en el mundo tan transitoria y con todos sus encantos, no es el propósito de la existencia humana. El mundo está lleno de objetos y tentaciones. La gente los quiere, los elige y organiza su vida para obtenerlos, una encarnación tras otra.

Es fácil que una persona siga el modelo de identificarse con el mundo, con sus objetos y con las emociones que conlleva la posesión de estos objetos y

la posibilidad de perderlos. Empieza pensando en la
alegría que le va a proporcionar tener cosas atractivas,
como un coche, un traje nuevo o una nueva pareja.
Con cada nueva adquisición experimenta un instante
de satisfacción, seguido de un sentido prolongado de
insatisfacción.

El ser humano se identifica con las emociones
que acompañan la posesión de objetos y las relaciones.
Se cree que ama a alguien y que para ser feliz necesita
tener a esta persona. Cuando la tiene, ocurre con
frecuencia que la relación se transforma en algo
desagradable. Puede herir a la persona que decía
necesitar. Luego dice que lo siente. Un mes después
vuelve a herirla. Finalmente se separan. Entonces
encuentra a otra persona de la cual vuelve a pensar
que es imprescindible para su felicidad y el mismo
proceso empieza otra vez.

Hay muchas variantes sobre el mismo tema. El
meollo de la cuestión es que el ser humano se apega a
múltiples objetos y relaciones así como a los
pensamientos y emociones que acompañan al apego.
Todo esto le produce mucho sufrimiento porque
ninguno de estos objetos o relaciones son duraderos.
Sin embargo, los seres humanos siguen intentando
encontrar paz y felicidad de este modo, una existencia
tras otra.

"Aquellos que se quedan en la oscuridad de la
ignorancia y se dejan engañar por la riqueza y las
posesiones, son como niños que se entretienen con
juguetes". Le dice Yama a Nachiketa. "Estos niños
tontos caen en la red de la muerte y se ponen una y
otra vez bajo mi dominio. Se quedan en las trampas
de la muerte. No pueden ir mas allá de los límites del
reino tenebroso. En él van y vienen".

Por Gracia esta condición no es permanente.
Eventualmente llega un momento en que el ansia por

todas estas cosas–aquello que Ramakrishna, el santo bengalí del siglo XIX, llamaba codicia y lujuria–empieza a ser experimentado como vacío e inútil.

El crecimiento y la expansión son la naturaleza del alma, de modo que inevitablemente ocurre lo siguiente: el ser humano llega a percatarse de que detrás de cada placer hay dolor, detrás de cada expectativa, desilusión y que después de satisfacer cualquier deseo, surge otro deseo. Porque sumando todos los encantos del mundo tan sólo se obtiene una cantidad enorme de sufrimiento, de soledad y de vacuidad.

Esta aritmética es instructiva. Ese denominador común despierta el alma. El sufrimiento enseña y entrena al ser humano en el arte tan imprescindible del discernimiento.

El Kathopanishad pone de relieve una elección pura y sin equívocos. Yama le dice a Nachiketa que hay dos caminos alternativos ante nosotros en el mundo. Uno es bueno y el otro es agradable. Uno, aunque difícil, conduce al Conocimiento de la Verdad más elevada. El otro, aunque parece agradable, es efímero y en él después de una experiencia aparentemente placentera es inevitable que haya dolor. El que tiene sabiduría escoge lo bueno, el ignorante confía en lo agradable.

Tal es la naturaleza de la vida. El propósito de la vida es crecer, expandirse y realizar completamente nuestra propia y verdadera identidad. Si no se elige el camino que lleva a esta meta entonces el mundo te llevará hacia él. Se producirá, golpe tras golpe, una desgracia tras otra y así, de desilusión en desilusión, el ser humano empezará a entender. La elección entre lo bueno y lo agradable se vuelve clara.

El tema central del Kathopanishad es que el tesoro de la vida humana, el verdadero Ser, sólo se

Budismo están mal interpretados como ateístas. Lo que el Buda quería decir era que Dios, o pura Consciencia, está más allá de la mente limitada, más allá de la mente limitada, más allá del intelecto. En el momento en que Dios está considerado y definido por la mente limitada, Dios queda limitado. Por eso Buda dijo a sus discípulos que se concentraran en quitar las barreras que les separaba del verdadero Ser. Cuando esto queda hecho, entonces la suprema Verdad, sea como sea que la llamemos, se revela.

Sin embargo los seguidores del Vedanta hicieron un valeroso esfuerzo para dar a estas ideas una perspectiva. Brahman es la Existencia Absoluta, el Conocimiento y la Bienaventuranza, el *summum bonum* de la vida de todas las criaturas. Según la terminología Vedanta, Brahman es real y todo lo demás es irreal. El universo no es real. No puede ser real si es efímero. Otra forma de decir esto es que el universo no es inexistente, pero que no es real en el mismo sentido que Brahman.

Cuando soñáis, durante todo el tiempo del sueño, el mundo creado dentro del sueño y la gente y los acontecimientos que contiene son reales. En cuanto despertáis, esta realidad desaparece. Los seguidores del Vedanta consideran que el plano mundano del universo es un sueño. Es real dentro de su propio contexto y tiene un propósito. Lo llaman "maya", una ilusión. No es ni absolutamente real, ni absolutamente inexistente. Maya, o este sueño de vida en el mundo, es instructivo. Aquello que está sujeto a tiempo, espacio y causalidad, a cambio y relatividad, a placer y dolor, es maya. Tiene valía pero no tiene permanencia. Del mismo modo que un sueño te ayuda a dilucidar emociones y deseos, el sueño de la creación, maya, te da oportunidades de crecer y de trabajar sobre tus hábitos y deseos. En cuanto te despiertas, desparece. Te despiertas cuando realizas Atman, y entonces este plano de existencia desaparece como un recuerdo nebuloso.

Atman es el verdadero Ser, pero estamos separados del conocimiento de nuestro verdadero Ser por todos los relativos y múltiples aspectos de nuestro simple ser. Estos aspectos relativos de la mente son a la vez barreras y puertas hacia nuestro Verdadero Ser. Según la filosofía oriental la mente tiene cuatro facultades principales. La primera es *Ahamkara*, o ego, la parte de ti que te define como "yo", con "mi" y "mío". La segunda es *Buddhi*, la mente superior, la sabiduría que discierne, valora y decide. *Buddhi* es como un espejo que lo recibe todo y discierne una cosa de otra. La tercera es *Manas* o mente inferior que produce y procesa los datos. *Chitta* es la cuarta facultad, es nuestro depósito o banco de impresiones y recuerdos.

Hay dos aspectos en todos los seres humanos, el Verdadero Ser y el simple ser. Este último no es más que una reflejo del primero. El primero está más allá del cambio, es imperecedero, el segundo es el que disfruta y sufre.

Yama le dijo a Nachiketa: "El Absoluto es como el sol que brilla de por sí, el otro (el ego o ser limitado) es como una imagen, un reflejo. Tienen la relación de luz y sombra. El uno es como un testigo, mientras que el otro come los frutos de sus propios pensamientos y actos".

El testigo es Atman. El gran Maestro hindú Shankara, dijo en el siglo IX:

"La naturaleza de Atman es pura Consciencia. Atman revela todo este universo de mente y materia. No se le puede definir. Dentro y a través de los diversos estados de consciencia–despertar, soñar y dormir–mantiene una consciencia ininterrumpida de identidad. Se manifiesta como el testigo de la inteligencia".

El Kathopanishad dice que Atman no nace y que nunca muere, que es más diminuto que un átomo y mayor que todos los espacios. Está escondido dentro del corazón de todas las criaturas. Shankara dice que Atman no se disuelve cuando el cuerpo se desintegra, del mismo modo que el aire dentro de un recipiente no deja de existir cuando este recipiente se rompe.

Sin cambio, sin nacimiento, sin muerte, eterno, Atman tiene su aposento en las recámaras más profundas de nosotros mismos y sabe de todas las actividades del individuo y de su mente. "Es el testigo de todas las acciones del cuerpo, de los sentidos y de la energía vital", dice Shankara. "Parece estar identificado con todas estas cosas, del mismo modo que el fuego parece identificado con una bola de hierro. Pero ni actúa ni está sujeto a ningún cambio".

El Bhagavad Gita dice acerca de Atman, el Ser: "No nace ni muere nunca; nunca deja de ser, puesto que Es. No nacido, eterno, perenne, antiguo, no muere cuando el cuerpo muere. Aquel que sabe esto es imperecedero, eterno, no nacido, inalterable..."

"Tal y como un hombre se quita la ropa usada y luego se pone ropa nueva, del mismo modo el dueño del cuerpo hace dejación del cuerpo desgastado y se pone uno nuevo... "

"Las armas no le hieren, el fuego no le quema, las aguas no le mojan, ni el viento le seca... "

"Él Es y nada le puede herir, ni quemar, ni mojar, ni secar. Es eterno, lo impregna todo, Absoluto e Inmutable. Es omnipresente, omnipotente y omnisciente. Se le llama El Antiguo... ".

4.

Cavando en pos del Tesoro

El propósito de la vida no es la representación del drama sino las lecciones que éste ofrece.

Del tumulto de la vida humana surge la decisión de buscar paz y felicidad duradera. ¿Dónde ha de buscar uno éste tesoro y cómo encontrarlo?. Volviendo a la historia del ángel a quien fue dada la tarea de esconder el sentido de la vida, este tesoro está escondido dentro de nosotros mismos. Se puede decir también que el tesoro está enterrado bajo capas de ego, deseos, emociones, hábitos y otras estructuras mentales arraigadas. Atman, la Verdadera Identidad del individuo está en nosotros, esperando. No requiere más que nos demos cuenta de este hecho para que de veras lo sepamos, tan sólo que despertemos a ello, como el Buda enseñó. Es tan sencillo como encender una luz.

Quitar las capas de ego, de emociones y de estructuras mentales arraigadas no es tan fácil. Shankara dice que un tesoro no acude cuando lo llamas. Hay que buscarlo y excavar. Todo lo que se ha ido acumulando por encima de él ha de quitarse. La decisión de buscar el tesoro es tan sólo el principio. La promesa de que está esperando aposentado en nuestro interior, es cuestión de fe, pero también hay una intuición, una voz que llama desde lo que es a la vez una gran distancia y ninguna distancia. Se reconocen los escombros que recubren el tesoro como maya y como los efectos de maya. Es a causa de maya por lo que el ser humano no es consciente de su verdadero Ser. Un buscador ha de empezar su búsqueda con entusiasmo y ponerse a cavar.

¿Qué es lo que separa a un ser humano de su verdadera identidad? ¿Qué son todas estas rocas, basuras y escombros, debajo de las cuales el tesoro está escondido, y cómo ha de proceder un ser humano para quitarlos?. ¿Cuáles son las herramientas necesarias para llevar a cabo esta tarea?.

La excavación es la razón de la existencia terrenal del ser humano. Saber cuales son las herramientas a utilizar y cuándo, es el Arte de la vida. Este Trabajo es la vida, es una magnífica aventura con Atman, el Tesoro, como meta.

Aprendemos a medida que cavamos, raspamos y ponemos a un lado las capas de lo que no es nuestra naturaleza real y permanente, hasta que finalmente el Trabajo está hecho y sabemos quien es nuestro verdadero Ser. Es por eso que venimos a este mundo, es por eso que lo creamos, es por eso que componemos las escenas que se representan en todo el globo terráqueo.

El propósito de la vida no es la representación del drama sino las lecciones que éste ofrece. Cada ser humano es el escritor de su propio drama. La mayoría de las personas se olvida de esto, se creen que las escenas de su vida están creadas por Dios, o por los demás, o por la casualidad de una probabilidad matemática en un universo más grande de lo que se puede llegar a concebir. Tampoco recuerdan que el drama de su vida no es más que eso: una obra teatral que se representa en un momento para un fin deseado.

En vez de entender la vida como una obra de teatro, los seres humanos la toman por algo definitivo y absolutamente real. Por eso es por lo que las lecciones que el drama proporciona no son aprendidas y se experimenta tanta pena y tanto dolor.

Así es y nuestro desarrollo individual tiene esta forma. Creamos y volvemos a crear obras teatrales sin ver que son obras teatrales. Las tomamos como absolutamente reales y nos dejamos sacudir por un torbellino de placer y dolor. Por fin llega un buen día en que nos volvemos hacia otra perspectiva. Somos entonces capaces de dar un paso atrás y de observar el drama con distancia. El dolor disminuye y la sabiduría y el humor del drama se vuelven más obvios.

Cada persona crea un escenario, un laboratorio, un drama–como sea que queramos entenderlo–con el fin de penetrar a través de las capas de barreras que recubren a Atman. Eventualmente llegará el día en que nos demos cuenta de que nuestra verdadera identidad es tanto aquel que observa el drama como el que está siendo observado. Tan sólo hay Uno, dicen los Upanishads. Cada individuo es una ola en el único amplísimo océano de la pura Consciencia.

¿Qué son estas barreras o velos entre lo real y lo irreal, entre lo permanente y lo transitorio, entre lo trascendental y lo insustancial? ¿De que está hecha la vida terrenal que puede mantener a los seres humanos atados a sus atractivos y miserias? Como ya se sugirió el drama de la existencia terrenal es la trampa, pero es también la puerta hacia la liberación. Dicho de otro modo, según la filosofía Vedanta la mente humana es el obstáculo a la liberación, pero es también la herramienta que perfora, penetra y conduce al Tesoro interior, al reino de Atman.

El concepto que la filosofía hindú tiene de la mente es distinto del concepto que predomina en occidente. En occidente se define un ser humano por su mente, como lo demuestra el famoso aforismo de René Descartes: "Pienso, luego existo". Los pensadores materialistas declaran que el alma existe a causa del cuerpo y como producto de él. La filosofía hindú sostiene lo contrario: "Soy, luego pienso". No es el cuerpo el que produce la Consciencia del existir. Al contrario, es la consciencia de existir la que mantiene al cuerpo vivo y lo activa. Aquello que mueve la mente y el cuerpo es el verdadero Ser.

El cuerpo y los órganos de los sentidos han surgido de la energía, viven de ella y finalmente vuelven a ella. Esta energía está sujeta a evolución y es la fuente de nuestro intelecto. Ha producido el intelecto, la mente y los poderes sensoriales que no son sino diferentes modos o formas de expresión de energía. El Vedanta afirma que primero hay pura Consciencia y que la mente es una chispa o un reflejo de esta Consciencia. La Consciencia y su energía producen el ego, y el Absoluto es la fuente y el fondo del Ser y de todo el universo.

En otras palabras, en occidente la mente es soberana, mientras que en oriente la Consciencia es soberana. Según el Vedanta la mente sirve a la Consciencia, o hay que entrenarla a que la sirva. En Occidente la mente es lo que predomina. Estos puntos de vista definen la diferencia entre las culturas Occidentales y la India.

En Occidente la orientación de la mente hacia lo externo ha conducido a la próspera edad industrial de los dos últimos siglos, al desarrollo de tecnologías muy avanzadas y a grandes logros científicos. La prosperidad material y el consumo de los recursos son los hitos establecidos en la civilización occidental. Los resultados de la cultura occidental son impresionantes hasta donde llegan. Pero el planteamiento filosófico en occidente es limitado. Puesto que sólo cuenta la mente enfocada hacia lo exterior, el conocimiento y la experiencia se hallan limitados al reino de las percepciones de los sentidos. Esta filosofía es demasiado restringida para explicar el misterio del Ser. Omite tomar en consideración el mundo interior, donde la pura Consciencia reside en su gloria eterna. El dilema es obvio. Una cultura volcada hacia lo exterior puede construir rascacielos, trasplantar corazones y andar por el espacio sideral, pero ¿están sus habitantes por ello más cerca de la verdadera paz en ellos mismos y en sus comunidades?. ¿Ha hecho algo esta cultura para reducir el miedo a la muerte?. Al incrementar los medios para negar la muerte y huir de ella, hasta el punto de esconder a los ancianos en clínicas geriátricas ¿no ha incrementado ésta cultura el miedo a la muerte?.

El mundo interior es el punto de enfoque del Vedanta y de los Upanishads, y la meta de la vida es la paz, la felicidad y la bienaventuranza. La filosofía hindú describe la mente como un grupo de cuatro funciones llamadas en su conjunto *antahkarana*, el instrumento interior. Ya se mencionaron en el capítulo anterior estas cuatro funciones o facultades, pero conviene explicar más sus procesos. Hay un *Ahamkara* o ego; *Buddhi* o mente superior que discierne, valora y decide; *Manas* o mente inferior que produce y procesa datos y que los importa y exporta a través de los sentidos de percepción; y finalmente *Chitta*, el almacén subconsciente de impresiones, emociones y recuerdos. Estas cuatro facultades están hechas para funcionar juntas en armonía, y cada una de ellas haciendo su propia labor. Con entrenamiento y disciplina las cuatros están coordinadas y forman una herramienta muy útil en la búsqueda de Atman. Pero cuando están mal coordinadas y sin entrenamiento constituyen un formidable obstáculo en el camino.

Así que lo más importante es conocer los diferentes aspectos de nuestra propia entidad, entrenar estos aspectos y saber que no son nuestro verdadero Ser. El Kathopanishad explica esto con la metáfora de una carroza; el Ser es el dueño de la carroza y el cuerpo es la carroza misma. *Buddhi* es el cochero, utiliza a *Manas* a modo de riendas para controlar los sentidos que son los caballos, corriendo desbocados en los campos de las experiencias sensoriales. A menudo, por desgracia, no entendemos ésta metáfora y no se nos enseña cómo funciona la mente. No sabemos qué entrenar ni cómo.

La naturaleza de *Manas* se limita a preguntar si este dato o aquel ha de ser o no importado, exportado o no.

Manas debería tan sólo preguntar: ¿Es esto bueno para mí o no?. Debería consultar con *Buddhi* y éste debería estar entrenado y agudizado para ofrecer las respuestas.

Sin entrenamiento *Manas* asume demasiado poder, ignora a *Buddhi* y actúa de forma independiente, cuando no está hecho para eso. *Manas* está lleno de conflictos hacia dentro y hacia fuera. Sin la ayuda de un *Buddhi* entrenado, *Manas* es una fuente de incertidumbre y de sufrimiento. Con el tiempo sus acciones se convierten en hábitos. Es por ésta razón que en el mantra llamado Gayatri se suplica al Absoluto que ilumine a *Buddhi*, que mejore su función *(Dhiyo yo nah prochodayat).*

Otro problema de una mente sin entrenar es la autoridad excesiva asumida por *Ahamkara,* el ego. La naturaleza del ego en una mente no entrenada es la de creer que él es el dueño de la mente y el centro de la entidad. El ego no entrenado es tan potente que la persona olvida que su verdadera naturaleza es divina y eterna. Cuando *Manas* intenta hacer una labor que no le compete, cuando *Buddhi* no es consultado y cuando el ego se cree lo más importante, el resultado es el sufrimiento humano.

Es al entendimiento de estas funciones de la mente a lo que se refería San Pablo cuando escribió: "No os conforméis con este mundo, sino sed transformados por la renovación de vuestra mente, para que podáis saber que es esta buena, aceptable y perfecta voluntad de Dios".

Pablo no habló de destruir ni reprimir el ego. Utilizó las palabras transformar y renovar. *Manas* tiene un papel que jugar, pero es un papel limitado, *Buddhi* tiene una labor que hacer, así que empleadlo. El ego es útil, pero su papel es limitado y no es eterno. El ego es como una celosía de madera para operar en el mundo. No es de cemento armado como nos creemos equivocadamente. Es tan sólo un aspecto de la mente y tiene su función. El ego no es nuestra identidad. Es el sentido de "yo" llamado el ego lo que nos divide en entidades individuales separadas. El ego junta todas nuestras sensaciones y moldea nuestra individualidad. Aunque es el creador de nuestra identidad no es la Realidad final. El sentido de "yo" o ego es la fusión de dos factores, uno cambiable y otro incambiable. El factor cambiable es la base del universo material del cuerpo y de su sentido de objetos exteriores, etc. Es la fuente de la evolución.

Manas y el ego son como precarias malas hierbas en la mente. Si no se les vigila lo invaden todo. *Manas* dice: "haz esto o lo otro", "miente y te saldrás con la tuya", "roba eso y saldrás adelante", "disfruta de éste placer y serás feliz". El ego dice "sí, esto es estupendo, esto es para mi; soy lo único importante".

Este camino de hacer lo que sea que *Manas* quiere y que el ego dice que necesita termina en sufrimiento, miedo y más ignorancia. Es el camino de poseer, necesitar, obtener y guardar. Es el camino de yo, mi y mío. El ego dice: "este cuerpo es mío, esta casa es mía, mi pareja, mis hijos son míos". Este sentido de mío y tuyo separa al individuo de los demás individuos, dividiendo el mundo entre "ellos" y "yo". También separa al individuo interiormente, poniendo barreras al verdadero Ser. Crea un miedo a la muerte. La muerte significará el final de estas cosas que queremos y poseemos. Es espantoso. La perspectiva de que el cuerpo se muere es tremenda si uno piensa que es su cuerpo, porque entonces la muerte parece ser el cese absoluto de nuestra existencia.

Sin embargo, cuando *Buddhi* está entrenado y se le utiliza, uno se plantea ciertas preguntas: ¿Es esto realmente necesario?. ¿Necesito adquirir este objeto?. ¿Qué es el cuerpo? *Buddhi* enseña que el cuerpo no es más la identidad de una persona que el reflejo del sol en la superficie tranquila de un lago es el verdadero sol. Cuando la función de la mente capaz de discernir, *Buddhi*, es entrenada, la persona se percata de que ésta vida transitoria finalmente conduce al sufrimiento. *Buddhi* empieza a explorar y llega a la conclusión de que una vida dedicada a lo que no es transitorio finalmente conduce a vivir sin sufrir.

Una vez que *Buddhi* está entrenado, se hace evidente lo que al principio no parecía claro como elección. Antes de utilizar la disciplina y el discernimiento, el razonamiento tiende hacia lo placentero. La claridad de *Buddhi* hace ver lo inútil de empeñar la vida en lo que no va a durar. Después indica el curso de acción y de pensamiento necesarios para alcanzar al Verdadero Ser. Planteará preguntas acerca de la relación del ego con el Ser, etc.

Cuando no se deja funcionar a *Buddhi* el Ser permanece oculto. Se desperdicia la vida en un esfuerzo inútil de satisfacer *Manas* y el ego, los cuales son tan sólo aspectos del instrumento interior, la totalidad de la mente. *Manas* y el ego son instrumentos para el ser humano, pero cuando se les deja todo el poder se convierten en amos.

La cuarta cualidad de la mente es *Chitta*, el inmenso océano inconsciente en el cual guardamos nuestras impresiones, pensamientos, deseos y sentimientos. Las burbujas que suben a la superficie de éste mar es lo que hemos metido en él, una encarnación tras otra. Para la mayoría de las personas *Chitta* es como una gran sopa con una enorme variedad de ingredientes, algunos predominando sobre los demás en su sabor y textura, algunos negativos y otros positivos.

Estos ingredientes en el *Chitta* afectan nuestra conducta, pensamientos y actos. Podemos tener fuertes deseos por comer helados, por ejemplo, o bien reaccionamos con fuerza ante ciertas personalidades, preferimos ciertos climas a otros o respondemos emocionalmente ante ciertos estímulos. Estos deseos y reacciones parecen estar fuera de nuestro control, como caídos del cielo. Pero estos pensamientos y sentimientos no caen del cielo en absoluto. Vienen de dentro, son accesibles y los podemos controlar. Primero necesitamos saber, o por lo menos estar dispuestos a aceptar, como un argumento razonable, que dentro de nuestra mente existe este grandísimo almacén de sentimientos y experiencias. Como hecho o como tesis podemos actuar sobre ello, investigar y examinarlo.

El acceso a la mente subconsciente es posible si se calma la superficie, la mente consciente. Hay siempre algún grado de turbulencia en la superficie porque la mente salta de un pensamiento a otro, de aquí para allá. A veces hay mucha turbulencia, otras veces la superficie está más tranquila. Casi siempre hay actividad en la mente consciente y esto impide el acceso a la mente inconsciente.

Saber cómo funciona la mente y entrenarla de forma correcta es el verdadero deber de un ser humano. Esto es Trabajo espiritual, porque una mente bien entrenada es lo que permite a lo Divino revelarse. Es este deber y esta obligación los que traen paz y alegría a un ser humano.

El primer paso consiste en recordar lo que es nuestra auténtica identidad. No somos nuestro cuerpo, ni nuestras emociones, ni nuestros pensamientos, ni nuestro ego, ni nuestra mente. Somos Atman, Consciencia pura y divina. Nuestro cuerpo, nuestra mente, nuestro ego, tienen el cometido de servir a Atman. Si no sabemos esta Verdad ¿no valdría la pena aceptar que somos divinos y eternos, al menos en teoría?. ¿No creéis que la posibilidad de tener una naturaleza divina merece una investigación?. Conocer la relación entre la vida y la muerte ¿no es acaso un tema crucial? ¿Qué es lo que muere? ¿Qué es lo que vive? ¿Qué es Aquello que no puede morir?.

Cuando se entiende que Atman es la naturaleza esencial de un ser humano, podemos empezar a desbrozar el camino hacia Atman. El acceso hacia nuestro Divino Ser empieza cuando entendemos cómo funciona la mente y de qué partes está constituido un ser humano.

El segundo paso consiste en entender los cuatro aspectos de la mente y sus funciones–*Buddhi, Ahamkara, Manas y Chitta*–. En una mente no entrenada *Manas* asume papeles que no le corresponden y *Ahamkara*, el ego, adopta una posición de poder y de autoridad que es incorrecta. *Ahamkara* es en realidad una estructura temporal que da forma al individuo. *Ahamkara* no permanece. No es la verdadera identidad del individuo sino un servidor con una tendencia a creerse el amo.

Hay que integrar las cuatro facultades de la mente. Cada una tiene un papel que jugar en concierto y armonía con las otras tres. *Manas* y *Ahamkara* deberían limitarse a hacer su labor, nada más. *Buddhi* tiene que ser entrenado y ejercitado con el fin de que tome las decisiones adecuadas que llevan a una persona a crecer y ser feliz.

Para lograr esta integración de las facultades de la mente se requiere un mayor entendimiento de ella y de las emociones. Hay cuatro instintos básicos que causan las emociones personales y su efecto sobre la mente. Estos instintos primarios, básicos y compartidos por todos los seres humanos y las otras criaturas vivas, existen en relación con la comida, el sueño, el sexo y la auto-preservación. Desde el punto de vista de estos instintos no hay mucha diferencia entre los seres humanos y los animales. La diferencia está en la capacidad de la mente humana de controlar estos instintos.

Los animales están dominados por estos instintos. Sus vidas están determinadas y llevadas por ellos. Los seres humanos, en cambio, pueden controlar estos instintos con el uso adecuado de *Manas* y *Buddhi*. Si las facultades de la mente no funcionan en armonía estos cuatro instintos básicos se expresarán de forma desequilibrada y desordenada. Las adicciones, los excesos sexuales y los desórdenes en la alimentación, afectan la salud física y emocional de un ser humano. Dormir demasiado o demasiado poco o de forma irregular, tiene efectos similares en las emociones y en la salud. El miedo a la muerte que es el tema central de la auto-preservación produce una gran variedad de miedos, incluido el miedo a perder nuestras pertenencias, la posesividad en nuestras relaciones o el miedo a volar y otras fobias. Estos desórdenes y adicciones, con todas sus complejidades emocionales, se introducen en nuestro *Chitta*, dando forma a la personalidad y creando hábitos que duran años e incluso vidas enteras.

Cuando todas las facultades de la mente están realmente integradas el ser humano puede llegar a los más altos niveles de la Iluminación. Nadie ha alcanzado nunca la plena Realización o la Iluminación sin una integración total de la mente. Esta integración requiere esfuerzo, práctica y habilidad. Significa hacer que la mente se enfoque hacia dentro. A menos que la mente esté integrada no puede llevar a cabo acciones hábiles, porque las fibras más finas del proceso del pensamiento y los deseos seguirán siendo obstáculos en el camino de la liberación.

Empezad el proceso con una débil intuición de que Atman está dentro de vosotros. Llegará el momento en que lo notaréis y os daréis cuenta de que es vuestro mejor amigo. Dialogad con vosotros mismos. Recordaos vuestra verdadera identidad. Conversad con vosotros mismos. Descubriréis que el mejor de todos los amigos, en el mundo exterior o en cualquier otro sitio, es vuestro propio Ser. Si aprendéis a tener un diálogo interior estaréis cada vez más a gusto con vosotros mismos. Los miedos al mundo exterior, a los demás y a las circunstancias, desaparecerán. Entonces la presencia de Atman se hará poco a poco más y más evidente.

Este diálogo requiere introspección. Os interesáis por la vida de cualquier amigo y sois sensibles a sus emociones. Le escucháis. Lo mismo debería ocurrir en vuestra relación con vosotros mismos. Dad atención y observad vuestros pensamientos y sentimientos. Sed cariñosos con vosotros mismos, como lo sois con cualquier buen amigo. No os condenéis ni os enjuiciéis. Empezaréis a confiar en vuestro Ser interior y os percataréis de que es un magnífico guía y un compañero fiel y constante.

Por último, es necesario calmar la mente. Como se dijo antes, cuando no se entrena *Manas* ni se sujeta al ego la mente se vuelve turbulenta y difícil de controlar. Al mismo tiempo el contenido de *Chitta* sigue saliendo como burbujas a la superficie, en la parte consciente de la mente. El individuo termina esclavizado por este caos, sacudido como una marioneta bajo el dominio de emociones erráticas y potentes deseos.

Hay que sosegar esta turbulencia. La calma se puede establecer con la meditación. Cuando el cuerpo está quieto y la respiración es regular y tranquila, la mente puede concentrarse. Cuando se mantiene la concentración la mente consciente se vuelve más y más quieta y su claridad aumenta en la profundidad.

Cuando se alcanza este nivel de meditación empieza el Trabajo de limpiar la mente, de vaciarla de viejos deseos, pensamientos y miedos y de integrar totalmente las cuatro funciones: *Buddhi, Ahamkara, Manas y Chitta.* Con esta integración completa la mente se da cuenta de que la pura Consciencia es soberana. Entonces la mente se entrega, porque se da cuenta de que todo su poder y su autoridad provienen de la pura Consciencia, la fuente de la vida. El ego desaparece y la muerte está derrotada.

5.

Aprendiendo a Morir

La muerte no es el fin de la vida, sino tan sólo una
pausa en una historia que continúa.

Yama enseñó a Nachiketa que es necesario
entender la muerte para entender la vida, y que del
mismo modo hay que entender la vida para entender
la muerte. Nachiketa aprendió que la muerte no es el
fin de la vida, sino tan sólo una pausa en una historia
que continúa. La muerte es tan sólo una parada, como
en una estación de ferrocarril uno se baja de un tren
para coger otro.

Esto no minimiza el sentido de la vida y de la
muerte. El modo en que vivimos nuestra vida, es decir
el tren que escogemos, determina el estado mental que
tendremos cuando lleguemos y cuan preparados
estaremos para el siguiente tramo del viaje. Podemos
coger un tren sucio y en mal estado o uno limpio y en
condiciones.

Podemos coger un tren que tenga todo tipo de
atracciones y de distracciones con oportunidades de
hacernos ricos y famosos. Será entonces muy difícil
abandonar este tren con tantas gratificaciones
sensoriales. O podemos coger un tren en el cual
podamos aprender a disfrutar del paisaje, de modo

que al llegar podamos dejarlo sin esfuerzo y con alegría.

Nachiketa es el ejemplo de alguien que cogió el tren correcto. No quería otro que no fuera para el Conocimiento. Ninguna otra cosa le interesaba. Una larga vida, la riqueza, las mujeres, los hijos, palidecían frente a su deseo de conocer la Realidad y los secretos de la vida y de la muerte. Para Nachiketa sólo valían la pena estos secretos.

La naturaleza eterna de Atman que reside dentro de nosotros es el tema central de los Upanishads. Este es el secreto del misterio de la muerte y la clave para entender la vida: Dios lo inter penetra todo y Dios es Atman, nuestra alma, la vida de nuestra vida. Atman es eterno, inmutable y por lo tanto no está sujeto a la muerte. Tan sólo lo que puede perecer está sujeto a la muerte. Lo perecedero existe solamente como herramienta para descubrir aquello que es imperecedero.

Es el cuerpo el que muere, el ropaje que provee una envoltura al alma en su visita a este plano terrenal. El Ser interior no está afectado. Ni muere ni puede morir porque es eterno.

Así lo afirma el Bhagavad Gita: "Él es lo no manifestado, no está sujeto al pensamiento y se dice que no es corruptible; por lo tanto, puesto que Le conoces, no te incumbe llorar por nadie".

Es muy triste perder a los que más queremos en la vida. Cuando amamos a alguien y se muere, es triste.

Llorar esta perdida es apropiado pero esta pena no ha de prolongarse. Un luto excesivo no es sano. La pena no ha de consumir a un ser humano porque la pérdida y la muerte son inevitables. Es por eso que en alguna cultura y sistema religioso se pone un límite al tiempo de luto. Por ejemplo, los que practican el judaísmo siguen ciertas etapas de luto. Después del entierro de un ser querido, los miembros cercanos de la familia permanecen de luto siete días. Durante este tiempo no salen de casa excepto para una emergencia, no se afeitan ni se cortan el pelo, ni se ponen ropa nueva. No se les permite ni sentarse ni llevar zapatos. Se deja que su dolor se concentre y que su luto se enfoque. Después hay un período de veintitrés días de luto menos intenso. Algunos judíos observan un luto moderado once meses.

Lloramos la muerte de nuestros seres queridos y tememos nuestra propia muerte. Hay un tiempo para el luto y un tiempo para dejarlo. Por ello varias culturas en el mundo entero y en todos los tiempos han establecido costumbres de dejar pasar, de estar de luto y después de poner la muerte a distancia. Estas costumbres ayudan a la gente a seguir con sus vidas y a prepararse para su propia muerte. La vida humana es un ciclo de idas y venidas, de nacimiento y muerte. La muerte del cuerpo no es el fin para el alma. El Ser es inmutable. Por lo tanto llorar más allá de los límites de su tiempo, no es sabio.

Si lo que le importa a una persona es aquello que pasa, entonces la muerte es una amenaza enorme y horrible. La muerte significa para esta persona el fin de lo más importante y de lo único que tiene sentido para ella. El dolor en esta filosofía es profundo. Sin embargo, si esta persona aprende a dejar pasar lo que es efímero, sean objetos o relaciones, y busca tan sólo lo que es eterno, entonces la muerte no le asusta. Es tan sólo un giro, un cambio de traje. Así que llorad, pero no demasiado tiempo. El mismo consejo se aplica a cualquier pérdida: un matrimonio, un puesto de trabajo, los amigos, el hogar, un sueño. Llorad y luego seguid hacia delante.

El miedo a la muerte y el dolor asociado a la muerte van intrínsecamente unidos al apego a este mundo efímero de nombres y formas. De manera tan irónica como trágica, los seres humanos buscan objetos y relaciones en el mundo para de algún modo negar la muerte, para consolarse de la realidad de que sus vidas terrenales son efímeras. El remedio es peor que el mal. Son precisamente estos apegos a objetos y a lazos humanos, y la creencia en la necesidad de ellos, los que refuerzan el miedo a la muerte. Los cambios inherentes a los objetos y a los lazos humanos hacen que su pérdida sea algo seguro. Estos objetos, en vez de servir de consuelo, al cambiar, deteriorarse y morir, recuerdan la muerte que se teme, muerte de los apegos a los cuerpos, a los pensamientos, a los hábitos, a los objetos y a los lazos humanos. Estos apegos crean, vuelven a crear y refuerzan los miedos a las pérdidas que son inevitables. Hacen que la vida sea triste y la muerte terrible. La clave para liberarse de esta tristeza y de este miedo consiste en deshacer los apegos.

Todos los acontecimientos de la vida intentan enseñar que de la muerte surge la vida. En el proceso hay una necesidad de conocer y de sentir algo que no puede morir. Jesús enseñó que: "Quien sea que salve su vida la perderá, pero quien sea que pierda su vida en mi nombre la salvará". En la siguiente frase Jesús preguntó: "¿De que le sirve a un hombre ganar el mundo si llega a perder su alma?.

Jesús quería decir que quien siente apego por la vida terrenal y por su cuerpo de barro, los perderá en la muerte. Pero quien deja su apego a la vida terrenal y a su cuerpo de barro y se identifica con lo que permanece, Dios, la Consciencia que Jesús representaba, no morirá nunca. ¿Qué beneficio nos puede traer tener todas las riquezas del mundo, y todos los placeres?. Todos desaparecerán en este relámpago que llamamos una vida humana. Enfocarse en los placeres del mundo mantiene a la mente demasiado distraída para buscar al Ser Interior.

Las cuatro nobles verdades de Buda dicen que la vida es sufrimiento, que el sufrimiento tiene una causa, que el sufrimiento puede cesar y que hay un medio para que cese: una solución. La solución de Buda era vivir la vida correctamente y viajar por la vida de forma eficaz y agradable. Este camino requiere ocuparse de los deseos y de los apegos que son la causa del sufrimiento.

"Para aquel que está totalmente libre del apego no hay dolor, mucho menos miedo. Es por ansiar cosas por lo que brota el dolor, es por ansiar cosas por lo que brota el miedo; para aquel que está totalmente libre del apego, no hay dolor, mucho menos miedo", dijo Buda.

Otro texto budista dice: "Abandonando el deseo se realiza lo que no tiene muerte".

"Mata a lo terrenal en ti". Dice San Pablo.

Solemos recibir pronto en la vida el mensaje de que la felicidad proviene de adquirir cosas y de obtener algo de las relaciones humanas. Las cosas se pierden, las relaciones cambian y el dolor es la consecuencia. Tenemos un ejército de emociones y de pensamientos con los que nos identificamos y esto trae sufrimiento. Nos creemos que somos nuestro cuerpo y cuando éste enferma o envejece, o cuando vemos los cuerpos de los demás enfermar o envejecer, sentimos pena.

El dolor es un sistema de alarma hecho para señalar que algo no está equilibrado. ¿Qué es lo que la pérdida de objetos, los cambios en las relaciones humanas, la turbulencia de nuestras emociones y pensamientos y el deterioro del cuerpo nos dicen?. Una posibilidad es que así es la vida. Venimos aquí, luchamos por obtener todo lo que creemos necesitar y sufrimos mucho en el proceso. Se acabó la historia. Pero esto no tiene mucho sentido. Si un dolor en el pie avisase a alguien de que allí hay una infección ¿Diría esta persona: " Oh, bueno, así es la vida, tienes un pie y se infecta?". Entonces la infección iría en aumento y le mataría, esto no sería racional. Lo que esta persona haría sería utilizar el dolor para percatarse de que algo en su pie no está bien. Lo consideraría como un problema que requiere solución. El sufrimiento en la vida nos dice que estamos relacionándonos de forma incorrecta con las cosas, la gente, los sentimientos, las emociones y los cuerpos.

Nos ponemos a depender de estas cosas, personas, sentimientos, pensamientos y cuerpos. Nos identificamos con ellos y les tenemos apego. Cuando se van o cuando cambian, nos duele. Estos apegos, junto con la ignorancia, son la causa del miedo a la muerte. Cuanto más apegados estemos mayor será nuestro miedo a la muerte. Los que no tienen ningún apego a nada, los que no se consideran a si mismos como dueños de nada y saben que su cuerpo es tan sólo un instrumento, están libres del miedo.

¿Qué significa estar apegado o identificado con algo?. El apego significa que nos creemos que necesitamos algo para nuestra existencia. Esto lo hace el ego. El ego dice: "Soy tan importante que necesito tener este coche. Este coche es mío y significa que tengo éxito, este coche me representa" o "Necesito una relación con esta mujer. Sin ella no puedo ser feliz. Si me deja me parte el corazón y mi vida no tendrá sentido". Los seres humanos se apegan incluso a la idea de las cosas. Por ejemplo, en la cultura americana los individuos han sido educados con ciertas imágenes acerca de cómo la vida tiene que ser. Desde la más tierna infancia se ven a si mismos crecer hasta tener un matrimonio maravilloso, vivir en una casa confortable con flores en el jardín y unos hijos estupendos. Luego se ven adquiriendo una casa más grande, otro coche más, un chalet en la playa, y una jubilación temprana. Estas son ideas que la cultura crea. Y cuando la realidad no encaja con estas ideas lo pasan mal. Se creen que tienen mala suerte.

Esto es identificarse con imágenes. El ser humano se ve a sí mismo, se identifica con esta persona en esta casa con flores y con una vida perfecta. Pensamos: "ese soy yo". Pero ese no eres tu. No os apeguéis a éstas imágenes. Aprended a fluir con la vida y todos sus altibajos.

La misma tendencia funciona en la mente con las emociones. Sentimos ira y pensamos: "estoy enfadado". ¿Quién está enfadado?. Decir "estoy enfadado" es identificarse con la emoción, es creer que somos las emociones. No podemos ser una emoción. Como seres humanos somos capaces de sentir ira, de experimentar ira. Pero no somos ni esta ira, ni ninguna otra emoción.

Del mismo modo *no somos* nuestro cuerpo. Nuestro cuerpo es un instrumento y como tal lo hemos de utilizar. Decimos "soy alto" o "soy rubia con ojos azules". Eso no es lo que somos. Sin embargo es lo que pensamos. Cuando alguien critica nuestra apariencia, nos duele. Cuando vemos que nuestro cuerpo envejece y se va deteriorando, nos asustamos. La mayoría de nosotros nos limitamos a la consciencia de tener un cuerpo y por eso nos identificamos con él. Cuando aprendemos a separar nuestro ser mortal de nuestro verdadero Ser que es inmortal, entonces empieza a funcionar nuestro poder de discernimiento.

La muerte no afecta a nuestro verdadero Ser. Esto es difícil de creer tan sólo porque nos identificamos con mucha fuerza con nuestro cuerpo y con el mundo que nos rodea. El hecho de que no seamos conscientes de algo no significa que no exista.

Yama le dice a Nachiketa: "Cuando todos los deseos y pasiones se hacen a un lado, cuando la perfecta quietud prevalece, el mortal se vuelve inmortal". Esto es la clave. La muerte no puede significar un fin porque la muerte no tiene efecto sobre el Ser. El ciclo de nacimientos y muertes no es una desafortunada realidad fortuita. Es un instructor".

El filósofo taoísta Chuang Tzu dice: "El nacimiento no es un principio, la muerte no es un final. Lo que realmente hay es un existir sin límite. Hay continuidad sin punto de partida. Hay nacimiento, hay muerte, hay un entrar, hay un salir. Aquello a través de lo cual uno entra y sale sin verlo esto es el portal de Dios".

La vida es un Upanishad continuo que dirige a una persona hacia la búsqueda de lo eterno y la identificación con lo que es permanente, no con lo que es efímero, y así le permite trascender la muerte.

Según el Vedanta existimos no porque tenemos un cuerpo, sino porque somos la Esencia Eterna. Es el Ser interior el que crea el cuerpo. Durante el sueño no somos conscientes de nuestro cuerpo, sin embargo seguimos existiendo. Los pensadores materialistas le dan la vuelta. Miran al cuerpo y declaran que es la evidencia de nuestro existir y asumen que si hay una consciencia interior es gracias al cuerpo. El Vedanta dice justo lo contrario. La Consciencia es la que hace que nuestro cuerpo exista.

La muerte no es algo a temer, pero hay que entender la función que tiene en la vida. Aceptar la muerte es una realidad que nos ayuda a percatarnos de que esta vida en la tierra es efímera, que el mundo es tan sólo un escenario, que hemos venido aquí de viaje para aprender y crecer y que luego el viaje termina.

San Pablo se refiere a la vida como una ligera y momentánea aflicción que prepara a una persona para la gloria eterna. "Todo en la vida humana", dice "es para el Trabajo espiritual". Con un símil más oscuro, pero con el mismo mensaje, Chuang Tzu dice. "Considera la vida como un tumor y la muerte como un drenaje de este tumor o el reventar de una pústula".

Al mismo tiempo recuerda que Dios, o la Realidad Eterna, está en ti. La muerte te avisa que no te apegues a este mundo. Aprende del mundo y déjalo pasar. Considera tu cuerpo tan sólo como un instrumento. Sirve para una meta y luego ha terminado su Trabajo.

6.

Vivir con un Propósito

Todos estamos haciendo un viaje sagrado hacia nuestra Verdadera y Divina Naturaleza.

Se quieta el miedo y se disfruta de la vida tan sólo cuando se tiene un propósito en la vida. Necesitamos preguntarnos si la vida sirve un propósito. ¿Qué sentido tiene la vida?. Solemos empezar a plantearnos esto después de mucho sufrimiento, tras una gran pérdida de alguien o de algo. Nos hemos percatado de la vacuidad de obtener más riqueza material, más fama o más poder. Hemos experimentado cuan livianos son estos placeres. Hemos empezado a decir "si ni el dinero, ni la fama, ni el poder dan felicidad, entonces ¿qué la da?.

Con nuestro dolor empezamos a sospechar que hay algo más en la vida, que la vida no es tan sólo aquello que nuestros sentidos experimentan. Es tan sólo una leve sospecha. Nuestro conocimiento de cualquier cosa más allá del mundo de las formas – aquello que vemos y oímos– puede no ser más que un susurro en el fondo de nosotros mismos, pero la posibilidad bien vale una exploración.

La exploración empieza por establecer la filosofía de que tal vez haya algo más en la vida. Esta filosofía por lo menos señala una dirección. Con una filosofía la vida cobra más sentido y enseguida empieza a tener otra forma. La intención de aprender más provee un punto focal y éste hace acopio de energía. Ya hay alegría en esto.

Con tan sólo unas metas muy difusas y una motivación todavía débil, empezamos a ver los objetos y los lazos humanos en nuestra vida de forma diferente. Ya no son el centro de nuestra vida. El dolor y el miedo inherentes a su pérdida ya no son tan intensos.

Tener una filosofía que sugiere un sentido mayor que el hecho de adquirir, poseer y guardar, cambia la atmósfera de la vida. Un sentido de libertad va en aumento. Poco a poco empezamos a darnos cuenta de que lo importante no es poseer y guardar objetos del mundo, sino otra cosa –tal vez dar y soltar–.

Sin embargo estos pensamientos siguen siendo sonidos débiles en nuestra mente, sobre todo porque hemos oído siempre y de forma muy clara que adquirir posesiones, riqueza y poder y tener placeres sensoriales es lo más importante para tener una buena vida. Sin embargo los tenues sonidos internos siguen.

El segundo paso consiste en reorganizar nuestra vida. Como con todas las grandes transiciones de la mente y cambios de hábitos viejos, el segundo paso se da poquito a poco, en cuanto la capacidad personal crece y lo permite. Por ejemplo, a medida que tiene lugar la sustitución de una filosofía de adquisición de cosas por una de propósito más amplio, nuestras necesidades disminuyen. A nivel material la vida se vuelve más sencilla y menos pesada. Al seguir la filosofía de que la vida puede tener un mayor significado, empezamos a ver que no necesitamos tener lazos con los demás de la misma manera. No necesitamos que los demás nos den algo. No dependemos de los demás por lo que podamos obtener de ellos. Podemos ser más libres en nuestras relaciones y el énfasis puesto en ellas –sean conyugales, filiales amistosas, o cualquier otra– cambia de necesitar u obtener, a dar.

Así, en el ámbito emocional, la vida se vuelve más ligera.

Esta filosofía y reorganización suelen significar que nuestro estilo de vida se vuelve menos opulento y requiere menos diversiones. Se desprende uno de más cosas y necesita menos. La preocupación por la salud cambia. Es irónico ver cómo los que tienen más miedo a morirse son los que hacen lo que pueden para acelerar el proceso a base de comer alimentos pesados, ricos en grasa, de ingerir demasiado alcohol y fumar. Su propio miedo a la muerte les induce a tener placeres sensoriales que les llevarán a morirse más pronto. Con una filosofía que dice que hay más en la vida, se opera de forma natural el cambio a una dieta más sana y a realizar más ejercicio.

Hay otros cambios que también surgen. A medida que expandimos el estrecho punto de vista de que las prioridades en la vida son materiales y sensoriales, hacia una mayor perspectiva de ésta con un propósito espiritual, no solamente cambiamos nuestro estilo de vida sino que vemos el mundo de forma diferente. Si ya no pensamos que nos han tirado por casualidad sobre este planeta para obtener todo lo que podemos, vemos que esto también sirve para los demás. Si estamos aquí para un propósito mayor, entonces lo mismo les pasa a los otros seis mil millones de habitantes del planeta. Nuestro sentido de comunidad cambia. Nuestra "familia" crece. Nos damos cuenta de que somos parte de una comunidad global, todos hermanos en un largo viaje, aunque en diferentes caminos.

Ya no podemos hacer labores que puedan dañar a los demás o al mundo en el que vivimos. Si tenemos un puesto de trabajo que poluciona el ambiente o crea dificultades para otros, nos sentimos obligados a buscar otro puesto.

Al mismo tiempo ya no nos sentimos amenazados por las diferencias entre las personas. Si los seis mil millones de seres humanos están en este planeta para una meta espiritual más elevada entonces las diferencias entre raza, color y creencias son superficiales al fin y al cabo. Estas diferencias, junto con todo lo demás que ocurre en el planeta, sirven un propósito espiritual más elevado. Raza, color y credo son parte de los diversos caminos que llevan a la misma meta. La creencia de que la gente diferente es una amenaza, desaparece.

En la filosofía hindú esta amplia organización de la vida de una persona, se llama *dharma*. Uno de los sentidos de la palabra *dharma* es el de reorganizar la propia vida de tal forma que la acción individual esté en armonía con las relaciones interpersonales y con la comunidad local y mundial. Implica moralidad, rectitud y virtud. Una vida llevada sin egoísmo, sin dañar, con compasión, sin posesividad ni codicia en las relaciones personales y hacia la humanidad entera y la tierra misma, es una vida sana a escala espiritual. Al contrario, si una persona es egoísta, daña a los demás, perjudica de alguna forma a la comunidad y se siente poseedora de personas y de cosas, su vida está contraída y su progreso espiritual obstaculizado.

Otra interpretación de *dharma* es la noción de destino. *Dharma* es el deber de una persona en la vida. Dicho de otro modo, *dharma* es el camino que una persona sigue para hacer un mejor uso de su vida, para alcanzar de forma eficaz la meta de la vida.

El *dharma* de una persona está también relacionado con sus propios *karmas* y *samskaras*. ¿Qué es lo que esta persona necesita aprender, quemar y descartar para que su vida espiritual progrese? ¿Cuál es el *dharma* que puede hacer esto?. No importa que este *Dharma* sea tener el oficio de carpintero, bombero, enfermera, técnico, padre, madre y nacer en un país o en otro. Desde una perspectiva general ningún *dharma* es mejor que otro. Desde el punto de vista del progreso espiritual trabajar de barrendero es tan válido y eficiente como hacerlo de Papa o de Jefe de Estado. Cada persona tiene el *dharma* que mejor le va a sus necesidades espirituales.

Es de suma importancia, por tanto, buscar y establecer un *dharma* individual que proporcione una escala personal de valores a seguir y a desarrollar, y reconocer los deberes que serán útiles al proceso de crecimiento.

En esta exploración de algo más allá de la vida mundana es necesario encontrar un camino espiritual. Todos necesitamos una guía de la geografía de nuestro corazón. Todos estamos haciendo un viaje sagrado hacia nuestra verdadera y divina naturaleza. Aunque esta naturaleza divina está tan cercana y la conocemos muy bien, queda igualmente oculta en los confusos recovecos de nuestros pensamientos y deseos.

Todas las religiones y todos los sistemas espirituales del mundo provienen de la aspiración humana a saber la verdad acerca de nuestra auténtica identidad. Dentro de cada uno de estos sistemas hay mapas para conocer esta verdad que todos compartimos. Algunos mapas están escritos en sánscrito, otros en latín, en hebreo, en árabe o en chino.

Algunos mapas señalan rutas marítimas, otros rutas terrestres o aéreas. Algunos guían a sus seguidores por este lado de la montaña y otros por aquel. Todos, sin embargo, llegan al mismo pináculo de la Verdad.

Solemos encontrarnos con los sistemas que representan nuestra cultura. Las religiones brotan de las culturas para servir las necesidades espirituales de la gente dentro del contexto de su forma de vivir, de su entorno y de su pasado histórico. El Islam surgió de una cultura particular, de la necesidad histórica de la comunidad. Lo mismo es válido para el Budismo, el Cristianismo, el Judaísmo y todos los sistemas religiosos del mundo. Ninguno es mejor que los demás. Tan sólo reflejan culturas, épocas y necesidades. El hinduismo es un modo de vivir y una filosofía de la vida. No es una religión.

Ya que el mundo ha menguado con los sofisticados sistemas de comunicación, se ha vuelto más fácil compartir el conocimiento de los sistemas religiosos con otras culturas. Se ha producido una mezcla de ideas y de técnicas que está beneficiando a la gente en el mundo entero. El gran movimiento de filosofías orientales en la segunda mitad del siglo veinte en Estados Unidos y en Europa, es un ejemplo de este compartir.

Sin embargo, es importante recordar que las disciplinas espirituales que se han convertido en sistemas religiosos se han reinterpretado. Han surgido instituciones que se han transformado en otra cosa distinta al imperativo espiritual que las hizo surgir. Jesús dijo que no estaba creando una nueva religión; que simplemente decía la Verdad. Un sistema religioso se desarrolló, y ocultó la Verdad predicada por Jesús. La Verdad sigue allí, pero alrededor de ella existe una institución y su interpretación de la Verdad.

Por ejemplo: Jesús dijo: "Soy el Camino, la Verdad y la Vida; nadie llega al Padre si no es a través de mí". Quería decir que el Camino hacia la Vida Eterna, o Brahman, es a través de conocer Atman, el puro Ser encarnado en todos. La institución que se formó se hizo con estas palabras de Jesús y las utilizaron como cachiporra, exigiendo a la gente que, o se acogiese a la institución y aceptase su dogma, o se condenase.

Lo mismo ocurre con el Islam. Los sufíes han investigado el Islam, han profundizado en sus Escrituras y han encontrado joyas de sabiduría. Todas las religiones tienen una y la misma Verdad. Los pocos afortunados que se dan cuenta de esto saben que es el clero y lo eclesiástico los que han creado la confusión.

El mismo fenómeno ha ocurrido en todos los sistemas espirituales. Las instituciones están hechas para proteger la Verdad y crecen con el fin de unir la comunidad. Tal es el sentido de la palabra religión, del latín *ligare,* sujetar o unir una cultura o grupo de gente de creencias similares. Sin embargo, a menudo la institución cobra vida propia ignorando la Verdad, que es su labor enseñar. La institución y sus dirigentes se vuelven más importantes que la Verdad misma. Esto suele conducir a políticas, prejuicios, dogmatismos, partidismos y a veces guerras de un grupo religioso combatiendo contra otro. Se desarrolla la mentalidad de "tenemos la Verdad y vosotros no. Dios está con nosotros y no con vosotros". Toda clase de injusticias y de daños causados en nombre de la religión provienen de esta actitud. Los egos de los dirigentes religiosos crean una situación en la cual sus seguidores los adoran o los temen, y el propósito del Camino queda olvidado.

El Camino deseable es aquel que responde a las verdaderas necesidades espirituales del individuo, no a las exigencias de una institución y tampoco a los caprichos de los dirigentes de la institución. En los sistemas realmente espirituales, tanto las instituciones como sus dirigentes existen tan sólo para servir las necesidades espirituales de sus miembros y de sus seguidores.

7.

Cadenas o Libertad

No hay nada en nuestra vida que no hayamos elegido nosotros mismos, que no sea fruto de nuestra propia actuación, que no sea nuestro Karma.

Después de establecer una filosofía individual, de reorganizar vuestra vida, de encontrar vuestro *dharma* o camino espiritual, hay otros dos pasos preliminares en el viaje espiritual.

Hemos de asumir la responsabilidad de nuestra propia vida. Este punto parece especialmente importante en occidente hoy día, ya que tantísima gente tiene el hábito de echarle la culpa a alguien o a algo de su situación desgraciada. Por ejemplo: si sus padres no se han ocupado de ellos, no los han apreciado ni entendido, tienen la culpa de su fracaso matrimonial o laboral y de sus malas relaciones con sus hijos.

Puede que sus padres hayan sido así y hayan hecho estas cosas. Hicieron lo que pudieron con lo que sabían. No cabe duda de que hay un eslabón de una generación a otra. Si los padres se portan mal eso tiene un efecto. Sin embargo, cuando un ser humano se percata de la ley causa/efecto, libera a sus padres de culpa y de responsabilidad. Hasta que esto no ocurra no puede progresar. Hasta entonces queda atado al pasado.

La misma tendencia a la inculpación funciona hacia los hermanos, el cónyuge o los hijos, hacia el gobierno, el sistema educacional, la cultura, y el proceso histórico. Se echa la culpa de lo que sea que vaya mal en la vida de una persona a conductas injustas de los hermanos, a la falta de atención de la pareja, a las exigencias de los hijos, a los impuestos, al mal sistema educativo o al hecho de haber nacido en una mala época.

Lo que hay que hacer es intentar entender los lazos familiares, el gobierno y el pasado histórico, y no seguir buscando culpables. No hay nada en nuestra vida que no hayamos elegidos nosotros mismos, que no sea fruto de nuestra propia actuación, que no sea nuestro Karma. Esto puede sonar durísimo pero es una realidad liberadora. Si todo depende de tus actos, es tu propia elección, y si todo es correcto para tu crecimiento espiritual, entonces no puede haber nada incorrecto. Cada uno tiene su oportunidad de crecer. No hay nada que temer.

La palabra Karma ha llegado a ser de uso común en el lenguaje occidental. Desgraciadamente, sin embargo, esta palabra no está siempre utilizada de forma correcta en occidente y su sentido se suele torcer. En el nuevo vocabulario de la sociedad occidental moderna se ha llegado a utilizar la palabra Karma de forma muy habitual e incorrecta para expresar fatalismo, algo que no se puede controlar. La gente dice: "¡oh! es el Karma, no tiene remedio" ó "no es culpa tuya, es tu mal Karma".

Con esta interpretación errónea de la palabra Karma queda implícita la creencia que lo que ocurre no depende de la persona. Todo se debe al fatalismo de Karma. Este punto de vista le quita al individuo la responsabilidad de su vida y de sus circunstancias y la pone en una abstracción llamada Karma, como si fuera un mal aire que soplara y le afectara forzosamente.

No es esto lo que Karma significa. Karma no es una palabra contagiosa de oriente que suplanta tu poder. Karma pone en ti toda la responsabilidad de tus circunstancias y experiencias. Karma significa que eres responsable, que sólo tu determinas tus circunstancias. Eres el arquitecto de tu situación actual, de la anterior y de la futura. No está hecho para crear culpabilidad. Aceptar la responsabilidad de tu vida te da el poder de avanzar, cambiar y crecer. Significa que eres independiente. Tu vida no depende de lo que otros hacen o piensan. No eres víctima ni de las circunstancias, ni de tus padres, ni del egoísmo de tu pareja, ni de la desconsideración de tus hijos, ni de la tiranía de tu jefe, ni de la depresión económica, ni de la política mundial.

En la filosofía Vedanta no existe eso de "ser víctima de las circunstancias". Estas circunstancias en las cuales nos encontramos son de nuestra propia hechura e intención. Según el Vedanta, estas circunstancias, tanto si les ponemos la etiqueta de buenas o malas, agradables o desagradables, son las oportunidades que hemos creado para nuestro crecimiento. En el sentido más puro esto es todo lo que hay: tan sólo son un constante desfile de oportunidades para aprender y crecer. Lo mejor para eso es entender Karma y saber que somos completamente responsables de nuestras vidas.

Otro modo de considerar esto es entender nuestra vida como entendemos nuestros sueños. Queda aceptado que nuestros sueños son de nuestra propia creación. Provienen de nuestra menta subconsciente, de nuestros pensamientos, deseos y miedos. Estos sueños nos pueden resultar útiles. Son medios naturales para ayudarnos a conocer nuestras emociones y deseos no satisfechos. El estado de vigilia no es diferente. Las circunstancias de nuestra vida están creadas por nosotros mismos para que tengamos la oportunidad de crecer hacia la realización de nuestra Naturaleza Divina. Las claves para crecer están en estos lazos humanos y en estas situaciones que nos resultan más difíciles o desagradables. Estos lazos y estas situaciones se repiten no porque tengamos mala suerte, o "mal Karma", sino porque las situaciones y los lazos humanos desagradables o difíciles representan las barreras que impiden nuestra libertad. La libertad llega cuando superamos estas barreras creadas por nosotros mismos.

Vale la pena repetir que estas barreras no son ni útiles ni dañinas. La cultura occidental se refiere a éstas barreras como pecados y a la gente como defectuosa. Es importante señalar aquí cuánto sufre el mundo occidental por causa de esta noción de pecado. La ciencia del Yoga y el Vedanta se refieren a estas barreras como obstáculos. En estos sistemas filosóficos no hay mandamientos, tan sólo compromisos que han de ser entendidos en su propia perspectiva. El concepto de pecado no inspira ni auto-confianza ni sentido hacia una meta. Tan sólo refuerza la idea del ser humano eternamente imperfecto y anima a tener una visión fatalista de la existencia humana. Si se puede obtener alguna libertad, desde este punto de vista, está en manos del Creador y no del individuo.

Esto no es la visión de la vida humana que tiene el Vedanta. Pensad en una flor que sale del bulbo. Ciertas condiciones son necesarias para que esta flor llegue a su esplendor. Entre estas condiciones están el bulbo, el estiércol, la humedad y que las temperaturas adecuadas se mantengan durante un tiempo. Se puede decir que un bulbo es una cosa dura, arrugada y poco atractiva que vive en un ambiente húmedo, oscuro y lleno de bacterias. Cuando florece en toda su belleza, Dios lo hizo así. Algunas actitudes religiosas occidentales describen la vida humana como algo sucio y cualquier belleza en ella proviene de un Dios exterior. El Vedanta dice que es tan sólo la naturaleza. El bulbo es tan sólo lo que es y se requieren ciertas condiciones para que llegue a la plena expresión de su perfecta y hermosa naturaleza. Del mismo modo un ser humano está simplemente en el curso natural hacia la expresión de su Ser perfecto. Cada individuo se halla justo en las condiciones necesarias para que tenga lugar este crecimiento hacia su perfección.

Karma es un medio para expresar estas condiciones. Nadie está libre de acciones o Karma. Por ejemplo, hacer o decir o pensar cualquier cosa es Karma. La palabra también significa que lo que se siembra se recoge. Ambas definiciones están relacionadas. Cada acción trae una reacción. Cada causa tiene un efecto. Cada pensamiento, palabra o acción implica un resultado específico. Cualquier acción que hayamos llevado a cabo en el pasado producirá fruto ahora o más tarde, tal es la verdadera causa de nuestras penas. Una vez que se tira una flecha ha de llegar a su destino. Mientras la flecha está en nuestras manos podemos elegir su curso. Todos los actos erróneos que por ignorancia hemos cometido en el pasado producen sus efectos adversos. Hemos de tener mucho cuidado para no volver a cometer los mismos errores.

Esta filosofía no está concebida para hacer temblar a la gente ante la perspectiva de las consecuencias de cada error que hayan podido cometer. Volved a considerar el concepto de Karma en cuanto nos permite describir algo muy natural y muy lógico, como son los pasos en el proceso de la evolución.

El Vedanta adopta una larga visión del proceso y esta visión explica el misterio de la muerte, el misterio que Nachiketa quería que se le explicase. Nachiketa sabía que si llegaba a entender el misterio de la muerte, también el significado de la vida se aclararía para él.

El misterio, según el Vedanta, es que hay una sola y única Consciencia inteligente que abarca todo cuanto es, ha sido y será. Todos los nombres y formas que conocemos y que llamamos piezas del universo son fragmentos y sombras, reflejos y fogonazos de pura Consciencia.

El propósito de la vida humana, en esta plataforma que llamamos existencia terrenal, es el de descubrir totalmente esta Realidad. La existencia terrenal es tan sólo una estructura aparente para que cada individuo recorra su camino hacia la Realidad subyacente. Karma es como una cuerda que nos ata a la estructura que hemos creado y que se llama vida.

Podemos decir que Karma es la fuente del dolor. Podemos considerar Karma como sufrimiento a consecuencia de ciertas acciones. Podemos decir que Karma es lo que nos encadena a este mundo y a sus penosas imperfecciones. Hay otra perspectiva, una visión más elevada. Podemos considerar Karma como el programa que hemos de seguir para alcanzar la claridad de la pura Consciencia. Nada más. Seguid la cuerda de Karma en el laberinto que llamamos vida y encontrad la Realidad Absoluta. Hasta encontrar la Realidad seguimos moviéndonos por el laberinto, de nuevo en este escenario de la vida terrenal. Aun a riesgo de llevar estas metáforas demasiado lejos se puede decir que hacemos un curso en una vida y volvemos para seguir el curso siguiente. Así, una y otra vez, hasta que terminamos la carrera escogida por nosotros mismos y que llamamos Karma. La muerte es tan sólo el final del trimestre, o una coma en una larga frase. Se puede considerar Karma como una carga, pero otro modo de considerarlo es como una guía natural, instructiva e inevitable.

Yama le dijo a Nachiketa que aquellos que moran en la oscuridad de la ignorancia y se dejan engañar por la riqueza y las posesiones están atrapados en las trampas de la muerte. Estos seres humanos viajan de aquí para allá, de muerte en muerte. Karma es el barco que lleva a un individuo de aquí para allá. Es un vehículo necesario hasta terminar el viaje. De la Ley de Karma no hay escapatoria y no termina con la vida terrenal. Por la ley de Karma, cuando una persona muere se lleva consigo las semillas o esencias de sus actos. La muerte no cambia nada. La muerte tan sólo significa que se dejan los aspectos externos de la vida, los ropajes de carne, hueso y sangre. La sustancia más fina del ser humano, sus pensamientos, sus sentimientos, su Karma, continúan.

Todos los pensamientos, los sentimientos y el Karma de una persona están almacenados dentro de su mente sutil. Las impresiones que encuentran su camino desde los actos y pensamientos hasta el fondo del *Chitta* se llaman *samskaras*. A su vez los efectos de estos *samskaras* son las características de la personalidad a la cual dan forma. Los hábitos, gustos y aversiones que una persona tiene son estos *samskaras*.

Estamos hablando ahora de la rueda de Karma, el movimiento continuo del individuo de una existencia a otra. Actuamos, pensamos y deseamos, y un surco se forma en la mente como una clase particular de recuerdo. El surco es un *samskara*. Cuanto más actuamos, pensamos o deseamos de una cierta manera, más profundo se hace el surco. La tendencia que brota de la memoria es un *vasana*. Cuanto más profundo sea el surco mayor será la tendencia. Por ejemplo, una persona con una fuerte tendencia a la ira tiene surcos muy profundos de ira. Más ira significa profundizar el surco, reforzar la tendencia y el Karma.

Karma no es la hechura de Dios. Karma está llevado a cabo por cada individuo. Es aquello con lo cual cada individuo particular se tiene que enfrentar, entender y completar. Karma es el producto de los propios actos de una persona, de sus pensamientos y deseos. Nadie más que esta persona es responsable de ello. Es absolutamente preciso. No hay accidentes. Todo está finamente y perfectamente equilibrado. Bajo un punto de vista reducido la vida no parece ni justa ni perfecta. ¿Por qué hay gente que parece sufrir más que otra? ¿Por qué, por ejemplo, hay gente enferma y otra sana? ¿Por qué unos son ricos y otros pobres? Vista desde la panorámica de la precisión de Karma la vida es perfectamente justa. La vida es exquisitamente perfecta en su forma de llevar a los seres humanos a evolucionar.

Si la vida de una persona está vista como una nave espacial que viaja a través de espacios infinitos hacia una meta del tamaño del pulgar, que está a billones de billones de años luz, el más mínimo error de cálculo enviaría la nave lejos de su curso. Karma es el artefacto incorporado que asegura la corrección del rumbo. Vuelve a llevar al individuo a su camino por mucho que se haya apartado de él. Karma hace los ajustes necesarios, aunque éstos puedan ser duros, y guía al individuo de nuevo al camino estrecho, hacia el puntual objetivo de su meta.

Karma se puede dividir en tres partes: El que se cumplió en el pasado, el que se cumple en la actualidad y el que se cumplirá en el futuro. Los hindúes dicen que si quieres conocer el Karma pasado, o acciones pasadas de una persona, has de mirar sus acciones presentes. No se puede hacer nada ahora acerca de los karmas del pasado, estas son flechas ya disparadas, algunas ya han llegado a su destino, otras todavía no. Acepta las consecuencias de estas acciones pasadas y aprende de ellas.

Es un error pensar que no hay libre albedrío, que el universo entero y todo lo que le ocurre a cada uno está predeterminado por algo llamado Karma. Hay libre albedrío. Esto es el punto importante de Karma. Estas flechas que todavía no han sido disparadas están en el carcaj de nuestra voluntad. Somos los que escogemos qué flechas disparar y cuando. Decidimos y actuamos. Cómo hacemos esto determina nuestro futuro. No hay nada ni nadie, excepto nosotros mismos, que decida nuestro destino.

Nuestro futuro es de nuestra propia confección hasta en sus menores detalles, sea alegre o triste, agradable o no. En el pasado con nuestras acciones, palabras, pensamientos y deseos, elegimos cómo íbamos a vivir ahora. Y ahora estamos eligiendo nuestra vida futura. Karma es la ley de causa y efecto, pero el libre albedrío nos capacita para trascender eventualmente la esclavitud de la ley.

Esto es algo que nos da poder y seguridad. En vez de culpar a Dios, al destino o a los demás por las circunstancias de su vida, una persona asume la plena responsabilidad. En esto estriba el poder de crecer. De una existencia a otra, de unas circunstancias a otras, una persona crea y escoge lo que necesita para crecer en cualquier momento, en su larga evolución hacia la Iluminación. Cada alma escoge los padres y la situación familiar que necesita, su papel en la sociedad y la mezcla justa de placer y dolor para procurarse la oportunidad perfecta de progreso en su camino hacia la libertad.

Este proceso de Karma se dobla sobre si y se repite, y el futuro está formado por cómo el individuo maneja su presente. Para que ciertos karmas se manifiesten y queden consumidos se puede necesitar muchas existencias. El resultado no depende de Dios, ni de los demás, ni de la suerte, sino de la respuesta que uno da a su propio Karma. A medida que una persona acepta con ecuanimidad sus circunstancias, sean agradables o no, puede mirar hacia el futuro con valor y con alegría. El individuo entonces se eleva por encima de su Karma. Si el dolor y el sufrimiento son el resultado de acciones pasadas, el que tiene sabiduría deja de cometer actos que conducen al sufrimiento para evitar sufrir en las próximas encarnaciones.

La ley de Karma no admite compromisos y estamos todos bajo ella. Sin embargo hay un medio de romper la cuerda de Karma y trascender la muerte. Este medio es vivir con habilidad y de forma útil. Encontrar este medio ocurre poco a poco a medida que entendemos la fuente del dolor y del sufrimiento que nos pasamos la vida intentando evitar. Paso a paso llegamos a entender la naturaleza de la muerte, a la cual tenemos un miedo inherente. Por desgracia, muchas veces, la gente deja que su vida esté gobernada por este miedo.

Cuando los seres humanos actúan bajo el imperio del miedo, crean karmas y *samskaras* que provienen del miedo. Estos *samskaras* añaden más miedo, a menos que uno sepa cómo superarlos. Si una persona se identifica con su cuerpo temerá la enfermedad, el envejecimiento, los accidentes. Le dará miedo cruzar la calle, encontrarse con gente desconocida o cualquier otra fuente de posible daño. La consecuencia será atraer el daño que tanto teme.

Estos miedos se convertirán en hábitos, que la empujarán hacia el peligro y la enfermedad. Si un individuo se cree que su identidad es su trabajo laboral, cualquier cambio en este trabajo será para él una amenaza. Si pierde su trabajo, pierde su identidad. Si la identidad de un ser humano son sus hijos, su identidad está puesta a prueba cuando los hijos crecen y se van de casa.

Nuestras acciones están basadas en estos miedos. Nuestras vidas se forman en torno a ellos. Estas acciones y estos pensamientos llenos de miedo refuerzan el miedo mismo y siembran nuevas y más potentes semillas de miedo para el futuro. Un poderoso ciclo gira y gira y nos aprisiona. Tan sólo nuestra voluntad puede cambiar este ciclo. Debemos romper las ataduras de Karma. Tal es la responsabilidad del individuo. Ello requiere fuerza y valor.

El secreto de la vida y de la muerte comprende no sólo buscar el conocimiento de cual es nuestra verdadera identidad. Resolver este misterio también incluye nuestros pensamientos, palabras y actos, y cómo y por qué tenemos estos pensamientos, decimos estas palabras y cometemos estos actos. Llevadas a cabo de una forma, nuestras acciones pueden atarnos a la vida terrenal y a un ciclo repetitivo de nacimientos y muertes. Llevadas a cabo de otra, nuestras acciones pueden crear alegría en esta vida y victoria sobre la muerte.

Recordad que habéis escogido esta vida. Habéis dado los pasos hacia este momento de descubrimiento en vuestro viaje. Este es el momento más perfecto para que os pongáis a vivir en este mundo Trabajando para vuestro mayor progreso espiritual. Las personas que os rodean, familiares, allegados, amigos y colegas son perfectos para vuestro crecimiento.

Nuestra vida entera, tanto exterior como interior, está motivada por nuestros *samskaras*, las impresiones dejadas por nuestros pensamientos, acciones y elecciones. Nadie nos castiga por nuestras buenas o malas acciones, pero nuestros *samskaras* motivan nuestra situación actual. Sembramos lo que recolectamos. Cuando reconocemos esta fuerza motivadora de nuestro pasado en nuestra vida actual, no podemos culpar a los demás, ni a la naturaleza, ni a Dios por nuestras circunstancias. Nuestra vida es nuestra propia creación. Nuestros problemas son nuestros. No deberíamos luchar contra nosotros mismos por estos problemas, sino intentar entenderlos. Deberíamos entender las relaciones que tenemos con los demás. No sirve de nada culparlos por lo que no va bien en nuestra vida. ¿Qué queremos de esta relación?. ¿Por qué hemos elegido esto?. Estas preguntas conducen a una visión expansiva de la situación, a la compasión y al fin del egoísmo.

Sin un contexto espiritual más amplio este mundo no es perfecto. Tal es su naturaleza. Es un mundo de cambio, de muerte y de deterioro. Nada en este mundo puede ofrecer felicidad eterna porque todo fluye, se rompe y cambia. No se puede contar con este mundo para encontrar la felicidad, ni con sus objetos, ni con las relaciones entre seres humanos, porque nada es de fiar. Nada es de fiar porque nada dura ni permanece siempre de la misma forma. La permanencia no es la naturaleza de esta realidad.

Este mundo es un campo de entrenamiento, una escuela, un escenario. Es perfecto en su imperfección. Como lugar para aprender y crecer, el plano terrenal es perfecto. Es nuestra creación, formada con nuestros actos individuales, adaptada a nuestras necesidades individuales.

8.

Caminos de Libertad

Los seres humanos suelen buscar los frutos de sus acciones porque ignoran sus Verdaderas necesidades y no tienen fe en que todas ellas serán satisfechas.

En los capítulos anteriores se han descrito algunos pasos preliminares en el viaje hacia la inmortalidad. Primero tiene que producirse un atisbo de que hay algo más que aquello a lo que hemos limitado nuestra identidad y hay que establecer una filosofía individual. No tiene que ser nada elaborado, para empezar tan sólo una inclinación hacia algo que está más allá de la vida. La persona reorganiza su vida para caminar en esta dirección. Al mismo tiempo la inclinación misma anima a la persona a cambiar su estilo de vida, su conducta y su forma de pensar. Luego, en su búsqueda, empieza a considerar su *dharma* es decir, su deber en la vida. Las relaciones con los demás toman otro cariz, con el énfasis puesto más en el dar y menos en la necesidad de obtener. Finalmente el aspirante asume la responsabilidad de su vida. Tal es el Trabajo de Base de una vida espiritual, una vida que se vive a tope, una vida rica y que tiene un propósito, todo ello hacia esta transición llamada muerte.

Además de estos preliminares para una vida espiritual hay otros dos requisitos que son fundamentales: *Vairagya* o no apego y *Abhyasa* o práctica (de técnicas) para el crecimiento espiritual. Ambos van unidos, cada uno es el complemento del otro. *Abhyasa* será el tema del siguiente capítulo.

Vairagya se traduce de forma indistinta como no apego, desapego, ausencia de pasión, e imparcialidad. No ha de confundirse con indiferencia, falta de emoción, ausencia de vitalidad, insensibilidad o nada de este tipo. *Vairagya* es una forma de vida vibrante, abierta y expansiva. Se podría definir de forma más exacta como amor, como una maravillosa energía de apertura, libertad y alegría, es un dar sin egoísmo y es ausencia de miedo. Esto es *Vairagya*.

La filosofía Vedanta dice de *Vairagya* que nada te pertenece, así que no hay nada que temer. Todo cuanto necesites para el propósito de la vida está allí con abundancia. No hay ninguna razón para ser posesivo ni egoísta. No hay motivo para preocuparse. Tan sólo vive tu vida lo más plenamente posible con lo que tienes. Jesús lo dijo con claridad: "No te preocupes por tu vida, lo que vas a comer o lo que vas a beber, ni por tu cuerpo, lo que te vas a poner. ¿Es que la vida no es más que la carne y el cuerpo más que los adornos?.

Mirad las aves del cielo, que ni siembran, ni recogen, ni guardan en graneros y sin embargo vuestro Padre que está en los cielos las alimenta. ¿Es que no sois más que ellas? ¿Quién de vosotros a base de preocuparse puede añadir una pulgada a su estatura?.

¿Y por qué preocuparos por vuestros adornos?. Considerad los lirios del campo cómo crecen, no trabajan ni hilan y sin embargo os digo que ni el rey Salomón en toda su gloria estaba más radiante que uno de ellos. ¿Y si Dios viste a las hierbas del campo que hoy están y mañana serán quemadas, por qué no os vestirá a vosotros, gente de poca fe?.

Por lo tanto, no os preocupéis diciendo ¿qué vamos a comer? o ¿qué vamos a beber? o ¿con qué nos vestiremos?. Vuestro Padre que está en los Cielos sabe que tenéis necesidad de todo esto.

Buscad primero el Reino de los Cielos y su ecuanimidad y todo lo demás os vendrá dado".

No nos preocupemos por las cosas de este mundo, no están hechas para ser adquiridas y atesoradas. El propósito de su existencia es servir las necesidades espirituales. Si el progreso espiritual es el punto focal de la vida, todo cuanto necesitéis, sea mucho o poco, vendrá dado. *Vairagya* es la expresión de esta fe.

Técnicamente la palabra *Vairagya* significa: control sobre los deseos. Como Buda explicó, los deseos son la causa del sufrimiento en el mundo. Buda quería decir deseos también en el sentido amplio de apegos. Los deseos enganchan y atan a los seres humanos a cosas y a personas, haciéndoles dependientes y definiendo para ellos el sentido de la vida. El resultado de esto es el sufrimiento. Por lo tanto, según Buda, para elevarse por encima del sufrimiento hay que elevarse sobre los deseos. Elevarse por encima de los deseos suena imposible o ni siquiera parece humano, pero es posible controlarlos y trascenderlos.

En la filosofía Vedanta hay tan sólo Uno, la Pura Consciencia, Atman, Brahman o como sea que se le defina. Si esto es verdad entonces los deseos son irrelevantes, porque no hay nada que desear que no esté ya aquí. Aquel que desea es también lo deseado.

La realidad de la existencia humana es que, mientras no nos identifiquemos totalmente con Atman, tendremos deseos. El Camino hacia Atman es a través de trascender estos deseos. Esto requiere

Vairagya, que tiene dos caminos: el de la renuncia o el de la acción desinteresada. También existe un tercero, o camino intermedio, que consiste en equilibrar la renuncia con la acción desinteresada.

La renuncia es dura y difícil. Hay poquísimos seres humanos capaces de contemplar todos los placeres del mundo y todas las cosas efímeras y decir: "Estas cosas, estas relaciones humanas, los placeres de los sentidos, no me pueden llevar a Dios, así que no quiero nada de ellos". Es un camino lleno de trampas, como el filo de una navaja. Es el camino de la vida monástica y hay que estar plenamente preparado para ello. La preparación significa que el individuo ha probado todos los placeres durante sus numerosas encarnaciones y se ha dado cuenta de que finalmente solo dejan un sentido de vacuidad, de falta de plenitud.

La renuncia es un camino de fuego. El renunciante está purificado de apegos. La persona corriente que está llena de deseos no puede lanzarse a la renuncia y declarar que lo va a dejar todo. El fuego la consumiría, no los deseos. No sólo están involucrados los deseos sino el combustible y los subproductos de los deseos, todas las desilusiones de la vida, la codicia, la lujuria, el odio, las pasiones, la ira, los celos, etc... Se necesita renunciar a todos, y esta renuncia es imposible sin tener la fuerza de la disciplina espiritual.

La renuncia es para la persona que ya ha quemado muchos deseos terrenales, que ya ha hecho muchas prácticas espirituales. El aspirante está preparado y ya es bastante fuerte para soportar el calor del fuego en este camino. Nadie puede un buen día dejar sus deberes y su familia y declarar que le ha llegado el momento de emprender el camino de la renuncia. Si se va con toda su imaginación intacta, todos sus pensamientos ardiendo y su mente indisciplinada, no ha renunciado realmente.

Este mal llamado renunciante en cuanto dé tres pasos verá fantasmas y demonios en la oscuridad, porque no ha empezado por hacer frente a sus miedos. No tiene ni el conocimiento, ni la sabiduría para pisar el camino de la renuncia. Huir de su casa no hace de nadie una persona de sabiduría. Dejar de asumir las propias responsabilidades no trae a nadie la Iluminación. Tan sólo escapar del mundo no lleva a nadie hacia Dios.

La renuncia es un camino de auto-sacrificio y de auto-conocimiento. Cuando una persona llega a este camino es porque se ha dado perfecta cuenta del limitado valor de las cosas del mundo. Sabe que estos objetos son valiosos tan sólo para servir el propósito de alcanzar las metas más altas de la vida. Sabe que la mente corre tras los tentadores objetos del mundo tan sólo mientras no sabe que el verdadero tesoro está en el interior. Ha tenido algún atisbo de esto y ha disfrutado de la quietud que proviene de percibir el Tesoro interior. Desde la perspectiva de una mente quieta, no ve tan sólo los peligros de la fascinación por el mundo, sino que en la meditación percibe los deseos y los atractivos más profundamente enterrados y conoce sus peligros y su naturaleza desorientadora. Entonces sabe que el fuego de la renuncia es lo apropiado para él.

Este camino requiere mucho auto-entrenamiento y mucha auto-disciplina. Hay abundantes deseos latentes escondidos en la mente. Por eso se alude a este camino como un andar por el filo de una navaja. Con cada paso hay una posibilidad de caer. El deseo egoísta es el obstáculo más fuerte de todos aquellos con los que el renunciante o cualquier otra persona se topa. Tan sólo los que han llegado muy lejos en la audacia y en la liberación de los encantos, tentaciones y atractivos del mundo, pueden pisar este camino. Es un camino tan exigente que requiere un grado altísimo de valor y de libertad interior y también la habilidad de enfocar la mente tan sólo hacia la Iluminación. Nada menos que estas grandes exigencias pueden conducir al éxito.

Vale también mencionar cuan dulce y feliz es este camino de la renuncia. Cuando un ser humano está preparado para ello, cuando mucha de la energía consumida por los deseos exteriores gira hacia dentro, la bienaventuranza que resulta de ello no tiene parangón y es indescriptible.

El otro camino de *Vairagya*, el cual es igualmente esencial para el crecimiento espiritual, es el camino de la acción desinteresada. En este camino uno cumple con su deber, con su *dharma*, con habilidad pero de forma desinteresada. Uno sabe que tiene que llevar a cabo acciones, como cada cual. Las lleva a cabo con total atención pero no por ninguna ganancia o gloria o recompensa de ninguna clase. Uno no se preocupa de eso. Cumple con su deber y nada más. De este modo el aspirante en el camino de la acción aprende a vivir en el mundo, pero permanece por encima.

La meta de ambos caminos, el de la renuncia y el de la acción desinteresada, es la misma. Ambos tienen por meta la Iluminación. Ambos caminos llevan al tesoro de *Vairagya*. El fuerte hilo dorado del no apego y del control sobre los deseos recorre tanto el camino de la renuncia como el de la acción desinteresada. En ambos caminos el aspirante intenta seguir este fuerte hilo, a través del laberinto de la vida, hasta la Iluminación.

Los seres humanos suelen buscar los frutos de sus acciones porque ignoran sus Verdaderas necesidades y no tienen fe en que todas ellas serán satisfechas. La mayoría corre de un lado para otro en su vida, haciendo esto o lo otro, con la expectativa de ser alabado y bien pagado. Estas son trampas que llevan al individuo a mayor confusión. En este tipo de vida no hay libertad. Es como la rueda en la jaula de una rata, gira cada vez más deprisa y no logra nada salvo cansancio.

La meta de la vida es espiritual. Entiende esto como el principio guía de tu vida. Con una actitud alegre y con total atención cumple con tus deberes en la vida, en tus papeles de estudiante, de trabajador o trabajadora, de hijo o hija, de padre o madre, de miembro de la comunidad, etc. Luego suéltalo y déjalo todo al eterno proceso del desarrollo espiritual. No parecerá ser ni trabajo, ni deber, y todo estará en armonía.

Este enfoque simplifica la vida y la expande; purifica al aspirante de sus karmas y apegos. Ya no hay preocupación por recolectar residuos de las acciones, apilar bienes o necesitar la aprobación de los demás por lo que se ha hecho. Tus necesidades decrecen. Tu sentido de posesión decrece. Al mismo tiempo te vuelves más y más desinteresado. Tus acciones están engrasadas con amor, lo cual produce gran alegría. La ganancia personal deja de ser el motivo de tus acciones. Lentamente aprendes lo que significa el desprendimiento. Hacer esto es una disciplina y una práctica espiritual.

9.

Practica, Practica, Practica

Vive tu vida con entusiasmo.

El gemelo de *Vairagya* es *Abhyasa*. Abhyasa significa práctica, y práctica significa disciplina y atención. Ambos están unidos como el día y la noche. Una persona no puede desarrollar no apego, o sea *Vairagya*, sin *Abhyasa*. Del mismo modo *Abhyasa* sin *Vairagya* es tan sólo una pérdida de tiempo.

Ambos, no apego y práctica, son el vehículo más potente para el progreso espiritual. De forma separada son como una barca con un solo remo: hay movimiento pero poco progreso.

En los capítulos anteriores hemos considerado los pasos preliminares de la vida espiritual. Estos pasos son como los grandes rasgos en el tapiz de tu vida espiritual. Son el fondo esencial. Los rasgos más refinados de los cuales provendrán las imágenes destacadas y los detalles están creados por *Abhyasa* y *Sadhana*. *Sadhana* es la práctica espiritual y suele referirse a las prácticas específicas de una tradición: Hatha yoga, pranayama o ejercicios de respiración, meditación etc. *Abhyasa* es un término que abarca más, incluye no sólo la práctica de técnicas específicas, sino el conjunto de la meta de la vida y la aplicación de sistemas de creencia. En este libro ambos términos se utilizan de forma casi intercambiable.

Para empezar a entender *Abhyasa* recuerda que eres ciudadano de dos mundos: el mundo exterior de familia, comunidad y *dharma* y el mundo interior, que deseas explorar más a fondo. *Abhyasa* empieza equilibrando ambos mundos. Vivir en el mundo exterior, aprender y crecer, y sin embargo quedarse por encima, de tal forma que los susurros del mundo interior puedan oírse en la *Sadhana* de la vida de una persona. Cuando se logra el equilibrio entre el mundo exterior y el mundo interior, se puede utilizar el mundo exterior para tener acceso al mundo interior, y el mundo interior provee una vida más rica y más plena en el mundo exterior.

La vida de Jesús es un ejemplo de este equilibrio. Él estaba en el mundo, pero por encima de él. Era humano y divino, como lo son todos los seres humanos. Su gran importancia como figura espiritual pública fue demostrar a los seres humanos que son divinos porque son humanos y que son humanos porque son divinos. Jesús demostró su divinidad a través de la plena expresión de su humanidad.

Tal y como el Kathopanishad sugiere, los seres humanos no son cuerpos que tienen almas sino almas que tienen cuerpos. Lo Divino es inmanente en los seres humanos y los seres humanos son inherentemente divinos.

Vivir una vida espiritual no requiere escapar del mundo. No es útil considerar las imperfecciones del mundo y decir que es horrible y pecaminoso. Darle la espalda al mundo no conduce a la felicidad espiritual. Así que vive en el mundo. A base de vivir plenamente en el mundo con todas sus aparentes imperfecciones se puede alcanzar la perfección espiritual.

Junto con el esfuerzo de equilibrar y de no apegarte, practica el desprendimiento. El desprendimiento, o generosidad, o ausencia de egoísmo, es un arte que requiere muchísima práctica. La fuerza, el no apego, el amor y el valor crecen con la práctica del desprendimiento.

Haz que sea parte de tu vida diaria hacer cosas para los demás sin que nadie lo sepa. Estar atento y ser generoso con los demás no es un gran esfuerzo ya que es una forma muy natural de vivir. Al mismo tiempo no te olvides de ti mismo. En las observaciones del yoga el primer principio es *ahimsa,* no dañar. Este principio no es sólo aplicable hacia los demás. Has de aplicar *ahimsa* primero hacia ti mismo. No debes dañarte ni dejar que otros te dañen. Has de ser razonable al practicar el no-apego. Del mismo modo que no es válido que el propio ego sea el centro, tampoco es útil que el ego de otra persona sea el centro exclusivo. Los Upanishads enseñan que todo es Uno.

Vive tu vida con entusiasmo. Sea lo que sea que hagas, hazlo al cien por cien y con total atención. Cuando estés con tus hijos, estáte con tus hijos y no con tus problemas de trabajo. Cuando estés en tu trabajo, estáte en tu trabajo y no con tus hijos. Estáte a lo que estás y no en lo que ya pasó o en lo que va a pasar.

Toma decisiones firmes. Ejercita tu *Buddhi,* este aspecto de tu mente que discierne, valora y decide. Es una herramienta muy potente. Toma la mejor decisión que puedas y actúa en consecuencia, dejando el resultado a la Fuerza Divina. Escoge con sabiduría tus amistades, tus actividades y tu medio de vida. Todo esto ha de ser compatible con tus metas más elevadas.

Sé bueno contigo mismo. El viaje es largo y difícil. Tus metas han de ser razonables con el fin de no crear frustración ni desilusión. Acepta gatear antes de andar. Perfecciona cada habilidad sobre la marcha y perdónate si tropiezas o si resbalas. Los retrocesos son efímeros y están hechos para instruirnos. Deja que ocurran y observa lo que ha pasado; ponte en pie otra vez y sigue adelante. Caer es parte de la pauta del crecimiento. No abandones. El progreso depende de la perseverancia. No pierdas nunca las esperanzas.

Da atención a tu cuerpo. Esto también es parte de *Sadhana*. Come bien. Come alimentos sanos y naturales. Duerme bien, con un ritmo regular. Haz ejercicios regularmente. Tu cuerpo es una expresión de tu mente. Lo que entra en tu cuerpo y cómo le tratas afecta el funcionamiento de tu mente.

Tu respiración también requiere atención. La respiración trae la energía vital llamada *prana*, la fuerza vital. *Prana* es la energía que te permite vivir. Sin ella no se vive ni un segundo. Tu salud y tu vitalidad están determinadas por cómo fluye el *prana* en ti. Un fluir desequilibrado de *prana* afecta al cuerpo y a la mente. *Prana* es como un puente suspendido entre el cuerpo y la mente. Si *prana* llevado por la respiración es armonioso y regular, el puente está quieto. Si *prana* no fluye de forma regular, el puente se balancea dificultando el paso de un lado al otro, trastornando tanto el cuerpo como la mente.

Controla los cuatro instintos básicos: comida, sexo, sueño y autopreservación. Entiende cómo funcionan y aprende a canalizarlos. De estas cuatro fuentes primarias brotan seis corrientes de emociones: el ansia, la ira, el orgullo, el apego, la codicia y el egoísmo. El modo en que se entienden e integran los instintos básicos determina cómo fluyen las emociones básicas.

Otra práctica fundamental es cultivar el contentamiento. Muchos occidentales se educan creyendo que sus vidas han de ser perfectas. Esto no va a ocurrir. Esto no es la naturaleza de la vida. La vida está siempre cambiando, girando, deteriorándose, muriendo. Tal es su naturaleza. Aceptar y entender esto es el camino hacia el contentamiento.

Los fracasos en la vida, lo mismo que lo que se da en llamar éxitos, son idénticos desde el punto de vista espiritual. Cuando llegan los contratiempos de la vida trátalos como acontecimientos instructivos. Hay un lado oscuro en la vida y todos tenemos una sombra. La sombra enseña el camino hacia la luz. No huyas de la sombra pero no te agarres tampoco a ella. Examina y acepta tu lado oscuro. Trata tus fracasos y tus desgracias como tus victorias y lo que llamas tu buena suerte, con ecuanimidad.

El contentamiento es un medio maravilloso de mantenerse enfocado y de conservar la energía. El descontento produce infelicidad y emociones negativas que gastan energía y estorban la concentración. Esto no quiere decir que hay que sentirse satisfecho. El contentamiento y la satisfacción no son lo mismo. No puedes sentirte satisfecho hasta que hayas alcanzado la meta. Pero el viaje hay que hacerlo con contentamiento.

Abhyasa implica tres reglas de oro:

1.- Recuerda la meta y esfuérzate hacia ella todo el tiempo.
2.- Haz el mejor uso de tu tiempo.
3.- Sé feliz en todas las circunstancias de tu vida.

El propósito de éstas prácticas es aquietar y enfocar la mente, así como elevarla por encima de los apegos. Es un proceso de purificación de la mente para liberarla de todos los hábitos que la mantienen fluyendo hacia fuera, de un deseo a otro.

Para hacer de veras este trabajo de calmar, enfocar y liberar, el estudiante necesita la práctica de la meditación. Esta es la práctica de concentrar la mente y de aprender a regular sus fluctuaciones, todos sus decaimientos, giros y erupciones. Concentrar la mente le da al individuo una herramienta para enfocarse en la mente misma, para gobernar este formidable poder y así alcanzar el verdadero Ser.

Un aspirante ha de discernir primero entre los aspectos transitorios de su personalidad y Atman. La Verdadera identidad de un ser humano no es ni su mente ni sus sentidos, sino Atman. Atman está oculto debajo de capas de hábitos, deseos y miedos. Estos hábitos y pensamientos están tan arraigados que las disciplinas de concentración y de meditación han de atravesar sus capas antes de que Atman pueda ser realizado. La meditación es un medio para reunir todas las fuerzas dispersas de la mente y hacer de ellas una sola fuerza que, como un rayo láser, pueda atravesar la mente y alcanzar a Atman.

No se puede reconocer a Atman a través de los sentidos, ni se le puede descubrir a través de la erudición o del estudio de los textos sagrados. Sutil, profundo y eterno, Atman sólo se revela a través de las disciplinas de concentración y de meditación que purifican la mente.

La meditación conduce al aspirante a través de las capas de los sentidos y de la mente limitada donde viven los hábitos, los deseos y los miedos y le lleva más allá, al estado supra consciente de *samadhi,* en el cual se encuentra frente a frente con aquello que es inmortal. Cuando Atman queda realizado el aspirante se eleva por encima del placer y del dolor, de la pena y del sufrimiento, que son las condiciones de este mundo transitorio. Donde esté Atman no entra la muerte. Atman es el reino del Absoluto, el reino de lo infinito, y está solamente tan lejano como nuestras profundidades interiores.

La meditación no es sentarse y agitarse, ensoñar, preocuparse o fantasear. Significa vigilar, observando con tranquilidad la mente misma. La observación tranquila calma la mente. La quietud de la mente crea el poder de ir a mayor profundidad en el fondo del depósito de los *samskaras*, de los recuerdos e impresiones latentes que a diario forman nuestros hábitos y nuestra personalidad. A base de observar con calma estos *samskaras*, se queman; burbujean a la superficie de la mente y se desvanecen. Este es el proceso de purificación. Es una práctica muy poderosa y es esencial. La meditación es el método preciso para que nos demos cuenta de quienes somos. Es el entrenamiento fundamental para conocer nuestro mundo interior.

Además de todas estas prácticas hay otra que emplear. Es *sankalpa*, el término sánscrito para la determinación. Significa: "Seguiré mi decisión con firmeza y con entusiasmo. Mi crecimiento es seguro. Sé que cometeré errores, pero me levantaré y seguiré". Esta es la actitud de *sankalpa*. La práctica de *sankalpa* es tan importante que no hay progreso verdadero sin ella. Si dudas, la duda irá en aumento y experimentarás el poder de la duda. No progresarás. Sin embargo *sankalpa* te llevará prestamente a tu meta. Las Escrituras dicen que, con la ayuda de *sankalpa*, no hay nada imposible. Di lo que todos los grandes Maestros dicen: "Lo haré, tengo que hacerlo; tengo los recursos para hacerlo". Decide que, pase lo que pase, harás lo que te has propuesto. Si tienes esta determinación las posibles distracciones seguirán estando allí, pero continuarás tu camino y permanecerás inafectado.

Puede que no cambien tus circunstancias ni tu mundo, tu familia, tu sociedad o tus amigos, pero si tienes fuerza y determinación puedes ir bien por la vida.

A medida que sigue el proceso la mente se trata como un laboratorio. El aspirante empieza a observar el movimiento de sus emociones y la procesión de los pensamientos y gana cada vez más control sobre ello. El Testigo, la presencia de Atman, empieza a hacerse notar.

También con la práctica aumenta el poder de la intuición y de *Buddhi*. Este poder es esencial en el camino espiritual. Con una mente quieta y enfocada gracias a la meditación, llena de contentamiento, los poderes mentales se expanden. La intuición ayuda al aspirante en su viaje y le demuestra que no está solo.

El proceso de purificación, según el Kathopanishad, tiene lugar a través del discernimiento, sabiendo que uno puede escoger y escogiendo lo mejor; también tiene lugar a través de la disciplina, de tal forma que lo escogido quede asimilado haciendo al aspirante más fuerte y más determinado; y también tiene lugar a través de la meditación.

Finalmente está la Gracia, la cual viene después de todos estos esfuerzos. Discernimiento, disciplina y meditación son la preparación para la Gracia. Así como un anfitrión prepara su casa para un invitado especial, el Kathopanishad dice que Atman, el invitado especial, vendrá cuando la casa esté preparada.

La preparación es difícil; pero la dificultad hace el tesoro más valioso y al aspirante más merecedor de encontrarlo.

10.

La Gracia Divina

La Gracia surge cuando la acción termina.

En el esfuerzo de entender la vida y el significado de la muerte *Vairagya* y *Abhyasa* son la responsabilidad del aspirante. Cuando se emprenden ambos de veras, otra ayuda llega. Esta ayuda viene en forma de gurú y de Gracia. Cada uno unido al otro, cada uno tan hermoso y consolador, cada uno tan potente. Por desgracia, cada uno tan mal entendido.

En los últimos treinta años la cultura occidental, que ha dado de forma creciente la bienvenida a las tradiciones orientales, ha entendido con demasiada frecuencia la palabra gurú con el significado de profesor. En occidente gurú suele ser considerado simplemente como alguien que ha sido entrenado en filosofía, meditación y hatha yoga. Desde este punto de vista se espera del gurú que comparta su conocimiento con sus estudiantes, entrenándoles en las Escrituras y demás disciplinas espirituales. Aunque el estudiante occidental bien puede llegar a hacerse dependiente de su profesor y tener altas expectativas acerca de lo que éste profesor ha de hacer por él, sin embargo el gurú está considerado tan sólo como alguien que enseña.

En los tiempos antiguos los estudiantes recibían una educación convencional en los *guru-kulas*. Los estudiantes vivían con su gurú desde muy temprana edad y recibían instrucción no sólo a un nivel intelectual, sino que además el gurú guiaba su desarrollo espiritual y la conservación de su salud física. El gurú tenía una relación muy estrecha con los estudiantes y conocía sus hábitos y el nivel de su Fuerza Interior.

En la vida de hoy no hay un ambiente espiritual en el cual un aspirante pueda concentrarse plena-mente en aprender el lenguaje del silencio para encontrar plenitud interior. Es muy difícil para un estudiante no estar distraído por las tentaciones del mundo exterior. La educación moderna está enfocada a memorizar hechos del mundo exterior e ignora el crecimiento y el desarrollo del Ser Interior. El sistema de *guru-kula* de los tiempos antiguos no es práctico en el mundo de hoy, pero se puede adoptar una forma más holística de educación. Este modo pone el énfasis en el crecimiento espiritual junto con el desarrollo de los aspectos intelectuales de la mente, y también incluye la orientación de cómo mantener la salud y el buen estado del cuerpo físico. En la tradición oriental el gurú es mucho más que un profesor. El ó ella representan la energía especial que guía a los individuos hacia su plenitud y su perfección como seres humanos. La Gracia es el impulso de esta energía.

La palabra gurú está compuesta por dos sílabas: *gu* y *ru*. *Gu* significa oscuridad y *Ru* significa luz. Aquello que dispersa la oscuridad de la ignorancia se llama gurú. La energía y la acción de quitar la oscuridad son gurú. Gurú no es una persona, es una fuerza conducida por la Gracia.

Dicho de otro modo, hay un impulso inteligente que impregna el universo y que empuja a todos los seres humanos hacia la perfección que llamamos Dios. Gurú es esta inteligencia. La receptividad de cada uno a esta inteligencia varía. Depende de la preparación, la cual incluye el desarrollo de *Vairagya* o no apego y *Abhyasa* o práctica. Dicho de otro modo: el gurú siempre está allí, pero el estudiante puede no estar preparado para recibir lo que el gurú tiene para ofrecerle. Cuando el estudiante está preparado el gurú llega siempre para ayudarle a que encuentre lo que es necesario para ir quitando el velo de la ignorancia. Se dice que cuando la mecha y el aceite están bien preparados el Maestro enciende la lámpara.

El gurú no es una persona, pero puede ser representado por una persona. Alguien que ha desarrollado su propia Consciencia espiritual a un nivel muy alto puede guiar a otros y se le considera un gurú. Tan sólo alguien que está en firme armonía con el guía interior puede inspirar el despertar del guía interior en otros. Gurú no es una entidad física. Si un gurú empieza a pensar que su poder le pertenece, entonces deja de ser gurú. El gurú es una tradición, un cauce de Conocimiento.

En la India la palabra gurú es sagrada, se usa con reverencia y está siempre asociada con la sabiduría más elevada. El gurú es algo especial en la vida de una persona. La relación entre gurú y discípulo no se parece a ninguna otra. Se dice que el gurú no es ni madre, ni padre, ni hijo, ni hija. El gurú no es un amigo en el sentido convencional. Se dice también a veces que el gurú es padre, madre, hijo, hija y amigo, todo en uno; para el discípulo el gurú es el sol y la luna, el cielo y la tierra.

La Verdad es que la relación entre gurú y discípulo es indescriptible. La relación se extiende más allá del mundo, transciende la muerte y se extiende mucho más allá de los lazos kármicos asociados con la familia y las amistades. Los padres ayudan a sustentar el cuerpo de su hijo, le nutren y le guían durante los años de su formación hasta la edad adulta. El gurú sustenta, nutre y guía su alma en todas sus encarnaciones hasta la liberación final.

La relación con el gurú se basa en la forma más pura de amor incondicional. Tiene que haber total confianza con el gurú. El discípulo no le ha de esconder nada.

Por ello, en la tradición, el estudiante va hacia el gurú y le ofrece un haz de leña para que lo queme. Este haz significa que todo cuanto el discípulo tiene está ofrecido incondicionalmente al gurú. Se le ofrece todo al gurú para que éste pueda hacer la labor de moldear al estudiante espiritualmente. El discípulo viene con total fe y confía toda su vida al gurú. El gurú coge esta vida, la poda y quema lo que no es necesario, y luego convierte cuidadosamente lo que queda en algo sagrado.

En este podar y quemar el gurú no tiene piedad. La labor del gurú no es de sujetarle la mano al discípulo y enjugar sus lágrimas, sino de cortar en pedazos el ego del discípulo y todo cuanto se interpone entre el discípulo y la libertad. El gurú no permite dependencia. Si el discípulo se vuelve demasiado dependiente del gurú, el gurú lo aleja, insistiendo en su independencia. Es una notable expresión del amor más profundo.

Estar en un camino espiritual con un gurú no es nada fácil. No es agradable. El gurú pone a los discípulos a prueba, los pone en las situaciones más difíciles y les crea obstáculos. Todos los obstáculos, todas estas pruebas y dificultades tienen el propósito de entrenar y expandir la Consciencia del discípulo.

Es ésta la única labor del gurú. El gurú no quiere nada del discípulo. Gurú es esta fuerza que mueve un alma hacia la Iluminación. Las acciones del gurú provienen de la pura compasión. Del mismo modo que el sol brilla y vive muy por encima, el gurú da amor espiritual y permanece sin apego.

Gurú es un canal para el Conocimiento espiritual. Jesús les recordaba esto constantemente a sus discípulos: "No he hablado de mí, sino del Padre que me envió". El Padre es esta corriente de puro Conocimiento. Jesús, como Ser Iluminado, estaba en armonía con este Conocimiento.

Ningún ser humano puede nunca llegar a ser un gurú. Gurú no es una experiencia humana o, mejor dicho, gurú no es una experiencia sensorial. Ser un gurú es una experiencia Divina. Un ser humano permite ser utilizado como un canal para la recepción y la transmisión del Poder de los Poderes. Entonces ocurre. Entonces el gurú se manifiesta. Para hacer esto un ser humano ha de aprender a dejar el egoísmo, ha de aprender a amar. El verdadero amor no espera nada. Así es como los gurús que son genuinos viven. Amor sin nada a cambio es la base de su Iluminación y la base de su papel como canales de Conocimiento.

Gurú no es una meta. La persona que dice ser un gurú para que la adoren no es un gurú. Cristo, Buda y los grandes seres no dieron ningún indicio de esto. Gurú es como el barco para cruzar un río. Es muy importante tener un buen barco y es muy peligroso tener un barco que hace agua. El barco te permite cruzar el río. Cuando has cruzado el barco ya no es necesario. Uno no se aferra al barco al finalizar el viaje, y desde luego no se pone a adorar el barco.

Muchas veces los estudiantes se acercan al gurú con una idea preconcebida de cómo debería ser. Vienen con expectativas de lo que el gurú ha de hacer por ellos. Tal vez los estudiantes piensan que el gurú debería darles mucha atención, o tomar decisiones por ellos, o hacerse cargo de los problemas que ellos mismos se han creado. A veces los estudiantes piensan que el gurú debería portarse de una cierta manera. Cuando estas expectativas e imágenes preconcebidas no se satisfacen, los estudiantes pueden disgustarse e incluso pueden irse.

Esta no es la forma correcta de acercarse al profesor. Un estudiante no debería estar lleno de expectativas ni de imágenes preconcebidas, sino que debe experimentar un ardiente anhelo de aprender, con firme determinación. Entonces no hay dificultad. El gurú y el discípulo pueden entonces atender a su labor.

El aspirante no debería preocuparse por quien es el gurú y lo que hará. Su labor es prepararse organizando su vida y sus pensamientos de una forma sana y espiritual, y luego trabajar hacia una forma de vida más simple y pura. En el momento adecuado aparecerá el gurú.

Una vez que el gurú ha llegado sus métodos y su conducta no son de la incumbencia del discípulo. La labor del discípulo consiste en cumplir las instrucciones y la Enseñanza del Maestro y al mismo tiempo esforzarse por ser cada vez menos egoísta, por abandonar el ego. Es el ego el obstáculo principal de la Iluminación.

Los modos de enseñar de un Maestro espiritual son muchos y a veces misteriosos. El gurú le puede dar a un estudiante mucha atención, pasar mucho tiempo con él, puede incluso mostrarle un cariño especial. En cambio a otro le puede ignorar totalmente. No importa. Cada estudiante recibe su enseñanza y mediante el conocimiento profundo del Maestro la Enseñanza correcta está dada de forma correcta, en el momento correcto. El gurú no está en la vida del estudiante para darle lo que quiere sino lo que necesita para su progreso espiritual.

La parábola del hijo pródigo ilustra esto. Contémosla con brevedad: un hombre tenia dos hijos. Un día uno de ellos pidió toda su herencia y se fue y vivió una vida de placer y de lujo. Cuando lo hubo gastado todo volvió a su hogar. El padre, en cuanto le vio, le besó y le abrazó y preparó una gran fiesta para celebrar su retorno. Mientras, el otro hijo se había quedado todo el tiempo con su padre, trabajando para él con respeto y devoción. Cuando vio lo bien que su padre recibía a su hermano le preguntó que cómo podía ser. "He estado contigo todos estos años, sirviéndote y obedeciendo todas tus órdenes y no me has dado nada, y en cambio a mi hermano que se ha gastado toda la riqueza y ha vivido una mala vida le tratas como a un rey y haces una gran fiesta para él".

La respuesta del padre fue que su hijo descarriado necesitaba de toda su atención en este momento y que su buen hijo no la necesitaba. A cada hijo le dio lo que era mejor para su crecimiento espiritual en el momento correcto.

El gurú no actúa según lo que parece justo o exteriormente apropiado. No está limitado por estas amenidades culturales. Puede parecer duro, hasta brutal. Pondrá a los estudiantes en situaciones que no tienen sentido o que son muy desagradables. Dice cosas que durante meses no parecen significar nada. Pedirá a los estudiantes cosas que a ellos les parecen imposibles. Todo cuando hace el gurú es para el crecimiento del estudiante. Todo lo que el estudiante necesita es tener fe en que es así.

El gurú también enseña sin palabras y sin actos. A medida que el discípulo aprende a rendir su ego, a quitarle de en medio, y se vuelve más desinteresado, su habilidad para aprender del gurú de forma intuitiva crece. El estudiante aprende en la cueva silenciosa. Es como sintonizar con la frecuencia del gurú o enchufarse a esta corriente de Conocimiento. El gurú siempre funciona desde allí. El papel del discípulo consiste en aprender poco a poco a funcionar también desde este sitio. El discípulo aprende esto llevando a cabo todos sus deberes con amor, a base de permanecer sin apego y de rendir su ego. El discípulo debería estar siempre esforzándose en purificarse y prepararse para recibir más y más Conocimiento. Entonces Dios dirá: "Quiero entrar en este templo vivo que eres". Quita la impurezas y descubrirás que Aquel que quiere conocer la Realidad es la Fuente misma de la Realidad.

Existe también la actividad de la Gracia. La Gracia es el impulso o el ímpetu de la energía para disipar la oscuridad. Existe la Gracia de las Escrituras, la Sabiduría que ha sido transmitida. Existe la Gracia del Maestro que enseña esta sabiduría y ayuda a que se avive en el estudiante. Existe la Gracia de Dios, o Pura Consciencia, que está viva y siempre presente en la vida de cada ser humano. Formando parte de estas tres manifestaciones de la Gracia, existe la Gracia de uno mismo que tiene la voluntad de emprender un viaje útil en la vida, de hacer el Trabajo espiritual de la vida y de prepararse.

¿Cómo obtenemos esta Gracia? Llega de por sí cuando el aspirante ha hecho todos los esfuerzos que puede. Cuando ha hecho todos los esfuerzos, entonces llega la Gracia.

La palabra sánscrita para la Gracia es *shaktipata*. *Shakti* significa energía y *pata* significa otorgar. De modo que *shaktipata* significa "otorgar la energía" o encender la lámpara. A veces *shaktipata* se traduce por el "descenso del poder". Un poder llega de arriba, por sí mismo, a un recipiente que ha sido limpiado, purificado y que está preparado para recibirle. Cuando ha cumplido las instrucciones del gurú el aspirante se ha vuelto fuerte en desprendimiento y en rendición y los samskaras han sido quemados, la Gracia llega.

En mi propia vida, desde que era un niño pequeño, fui educado y guiado por mi Maestro. Había hecho todo lo que él me había pedido. La Gracia no había llegado y me sentí frustrado. Así que un día fui a ver a mi Maestro y le dije: "No has hecho *shaktipata* por mí. Esto quiere decir o que no tienes *Shakti* o que no quieres hacerlo".

Le dije: "Por mucho tiempo he cerrado los ojos para meditar y no he obtenido más que dolor de cabeza. He desperdiciado mi tiempo y encuentro poca alegría en la vida".

Él no dijo nada, así que desesperado seguí hablando: "He trabajado duro y con sinceridad. Dijiste que iba a tardar catorce años, pero llevo diecisiete de práctica. He hecho todo lo que me has dicho. Pero hoy, o me das *shaktipata* o me suicido".

Finalmente él me dijo: "¿Estás seguro?. ¿Sigues de veras todas las prácticas que te he enseñado?. ¿Es el fruto de mis enseñanzas el que te suicides?.

Luego dejó pasar un tiempo y me preguntó "¿Y cuando quieres suicidarte?" "Ahora mismo", dije. "Te estoy hablando justo antes. Ya no eres mi Maestro. Ya lo dejo todo. No sirvo para nada en este mundo; no te sirvo para nada".

Me levanté para ir a ahogarme en el Ganjes que estaba cerca.

Mi Maestro dijo: "Como sabes nadar, en cuanto saltes al agua te pondrás a nadar. Harías mejor en encontrar un medio para poder ahogarte. Quizá deberías atarte algo de peso".

"¿Qué te ha pasado?", Le pregunte. "Solías quererme tanto".

Me fue al Ganjes y con una cuerda me até una gran piedra. Cuando estaba a punto de saltar, llegó mi Maestro y dijo: "Espera. Siéntate un minuto y te daré lo que me pides".

No sabia si esa era su intención, pero pensé que bien podría esperar un minuto. Me senté en mi postura para meditar y mi Maestro se acercó y me tocó la frente. Me quedé en esta postura nueve horas y no tuve ni un solo pensamiento. La experiencia es indescriptible. Cuando volví a la conciencia habitual creí que el tiempo no había pasado.

"Señor", le dije a mi Maestro "por favor, perdóname".

Con este toque mi vida fue transformada. Perdí el miedo y el egoísmo. Empecé a entender la vida correctamente. Me pregunté si había tenido esta experiencia a causa de mis esfuerzos o los de mi Maestro.

Su respuesta fue simple: "La Gracia".

"Un ser humano", me explicó, "debería hacer todos los esfuerzos sinceros que pueda. Cuando está agotado y llora de desesperación, en el estado más elevado de emoción devocional, alcanza el éxtasis. Esta es la Gracia de Dios. La Gracia es el fruto que recibes de tus esfuerzos fieles y sinceros".

La Gracia sólo llega a un discípulo que ha pasado por un largo período de disciplina, de austeridad y de prácticas espirituales. Cuando un estudiante ha hecho estas prácticas y ha seguido las instrucciones del profesor con fe, con veracidad y con sinceridad, entonces el Maestro quita el obstáculo más sutil. La experiencia de la Iluminación proviene del esfuerzo sincero de ambos, Maestro y discípulo. Cuando hayas cumplido con tus deberes con habilidad y entusiasmo, recogerás los frutos. La Gracia surge cuando la acción termina. *Shaktipata* es la Gracia de Dios transmitida a través del Maestro.

Gurú es el guía del discípulo durante su vida, en el terreno misterioso de su corazón espiritual y dentro y más allá del reino de la muerte.

11.

La Vida Más Allá de la Muerte

La muerte es una experiencia solemne, un cambio del cual nadie puede escapar. El que no se prepara para ello está loco.

La discusión acerca de la vida después de la muerte ha existido desde el principio de la historia, pero los que están en una plano intelectual y no han despertado espiritualmente no pueden alcanzar ninguna conclusión definitiva acerca de la inmortalidad del alma. No es posible entender lo que existe después de la muerte por medio de argumentos intelectuales o de discusiones. La Verdad Absoluta no puede ser probada científicamente porque no puede ser observada, ni experimentada, ni demostrada por percepciones sensoriales. Atman está más allá de las percepciones sensoriales. La experimentación científica, confinada en sus propias limitaciones, no puede revelar la Verdad Absoluta. Por ello los científicos no pueden llegar a ninguna conclusión concreta acerca de la inmortalidad del alma ni de la vida después de la muerte, y tampoco nada les puede convencer. El materialista encuentra difícil creer que algo sigue existiendo después de la muerte. Alguien que vive tan sólo en el ámbito de las percepciones sensoriales no puede tener ningún atisbo del más allá.

Se suelen tener ciertas expectativas acerca de la vida después de la muerte según las creencias religiosas de cada uno. La gente sueña con la inmortalidad y desea el paraíso. Se consuelan unos a otros con el pensamiento de que el ser querido que se ha muerto está ahora con Dios para siempre. Los religiosos afirman que en el paraíso hay abundancia de frutas, de árboles, de música, de bailarinas, etc. Los seguidores de ciertas sectas creen en un paraíso de héroes donde acaecen batallas contra sus enemigos y se presentan animales feroces. Todos estos paraísos no son más que reinos mentales en los cuales los deseos más importantes de cada uno se ven supuestamente satisfechos.

Tenemos ciertos deseos que consideramos los más apetecibles y anhelamos un reino en el cual tales deseos puedan cumplirse. Por lo tanto el ansia del paraíso proyecta un reino que es una réplica de nuestras propias ideas y deseos y no es más real que nuestros sueños. Cuando una persona sueña se puede creer que está en el paraíso hasta que se despierta, que es cuando la realidad del sueño se desvanece. Los sueños y los paraísos sólo son realidad bajo ciertas condiciones.

La idea del paraíso fue concebida por los grandes Maestros en la India, pero no lo consideraban un estado eterno, como lo hacen ciertas religiones. Fuera del hinduismo y del budismo el concepto de paraíso implica una existencia eterna. Según la filosofía hindú la idea de un paraíso eterno es una imposibilidad práctica. El paraíso o cualquier otra clase de existencia tras la muerte no es estática, sino determinada por los propios pensamientos y actos. Los que experimentan reinos paradisíacos y disfrutan de placeres celestiales pueden hacerlo tan sólo el tiempo que sus buenos actos y pensamientos se lo permiten. Hay siempre un límite a estos buenos actos y pensamientos y del mismo modo habrá un límite a los resultados que se deriven de ellos. La palabra "eterno" significa aquello que no tiene principio ni fin. Según el Vedanta, el paraíso, por su misma naturaleza, no puede ser eterno porque todas las cosas que están sujetas a las leyes de tiempo, espacio y causalidad son efímeras y perecederas. Todos los placeres del mundo están limitados por el tiempo, no duran para siempre. Los placeres celestiales están relacionados con los placeres del mundo. Aunque se puedan experimentar por mucho tiempo eventualmente tienen que terminar. Aquellos deseos que no se pueden satisfacer en ningún sitio, excepto en la tierra, llevarán al alma de vuelta al plano físico de la existencia.

En el momento de la muerte el alma abandona el cuerpo, su ropaje exterior. Yama le dijo a Nachiketa que después de que el cuerpo muere y se destruye el alma sigue existiendo. Hay reinos espirituales donde el alma se queda sin la ayuda del cuerpo físico o de los fenómenos del universo material. Los órganos de los sentidos no pueden conocer estos reinos que sólo pueden ser percibidos a través de la intuición espiritual.

Después de la muerte las almas no realizadas se quedan en el reino de los muertos por un período que no se conoce. Han pasado por el proceso común de la muerte porque no pudieron realizar la verdadera naturaleza de su Verdadero Ser en este mundo.

Mucho del miedo asociado a la muerte es el miedo a que la muerte sea penosa. El proceso mismo de la muerte no es penoso, tan sólo cambian las condiciones. La falta de preparación y el apego son las causas del dolor experimentado en el momento de la muerte. La muerte nunca es penosa para quien se ha preparado y ha adquirido el Conocimiento de Atman. Un individuo así permanece desapegado del cuerpo y de los sentidos físicos y no está afectado por sus cambios. La muerte puede ser penosa y llevar a un estado penoso cuando el alma está muy apegada al plano físico, a cosas del mundo o a personas. En el momento de la muerte un alma así sufre, pasa por una agonía porque no es capaz de soltar sus apegos completamente.

Entre la vida y la muerte hay un estado intermedio en el cual *prana* deja de funcionar. Si uno no está preparado para este momento sufrirá torturas mentales y no podrá explicar ni expresar nada a los demás. Alguien que ha conocido la Realidad se salva de esta calamidad.

En el tránsito de la muerte, antes de que el vehículo exterior esté completamente abandonado, los que no han recibido la Iluminación experimentan ciertos niveles o reinos efímeros que son agradables o penosos según han llevado a cabo acciones positivas o negativas. Por ejemplo en *pitriloka* uno encuentra sus antepasados o sus seres queridos, y en *svargaloka* se disfruta de ciertos placeres. El Libro de los Muertos, Escritura Tibetana, y el Garuda Purana del hinduismo, explican de forma extensa las etapas a través de las cuales uno pasa durante el proceso de dejar el cuerpo.

Hay varios reinos celestiales diferentes, inferiores o más elevados, dependiendo de la pureza o impureza de los constituyentes mentales de uno, los cuales duran después de dejar el cuerpo.

Para el ignorante, la muerte es un largo y profundo sueño entremezclado con visiones o ensoñaciones infernales o paradisíacas. Los que aseguran comunicar con las almas de los difuntos o bien alucinan o mienten. Cuando alguien duerme profundamente no se comunica con nadie, ni nadie se comunica con él. Tan sólo almas muy evolucionadas pueden comunicarse con otros después de la muerte porque permanecen conscientes todo el tiempo.

Los que han llevado a cabo buenas acciones desinteresadas y han llegado a cierta perfección pueden disfrutar de una visión clara del Ser Divino. Sin embargo, los Maestros dicen que el logro mayor, la Realización del Ser, sólo puede ocurrir durante esta vida en la tierra. Reinos celestiales, como el *pitriloka* y el *svargaloka*, no pueden revelar la más alta Verdad. En estos reinos no se puede llegar a la liberación, y las delicias del paraíso pueden retrasar al alma en su realización de Atman. La Realización del Ser sólo es posible aquí, en esta vida, y no después de la muerte. Los que creen lo contrario serán decepcionados. Los que no realizan la naturaleza inmortal de Atman antes de la disolución del cuerpo pierden la gran oportunidad que un nacimiento humano significa.

Según el Vedanta, el ser humano consta de cinco envolturas o *koshas*: La envoltura física densa (*annamaya sharira*), la envoltura de *prana* (*pranamaya sharira*), la envoltura mental (*manomaya sharira*), la envoltura del intelecto (*vijnanamaya sharira*) y la envoltura de la felicidad (*anandamaya sharira*). Se les llama envolturas porque rodean y recubren a Atman. Se las describe como formadas por varias capas, una sobre la otra. La envoltura física es la más exterior, la de la felicidad es la más interior. Atman permanece separado y desapegado de sus cinco envolturas.

En el momento de la muerte el cuerpo físico junto con la mente consciente se separan de la parte inmortal. No hay percepciones sensoriales después de la muerte porque los órganos de los sentidos funcionan con el cuerpo y se dejan con el cuerpo. No funcionan a otros niveles.

Durante el proceso en que se dejan los vehículos exteriores, después de la muerte, se entra en contacto brevemente con la envoltura de la felicidad, *anandamaya sharira*. Las personas que han contado experiencias cercanas a la muerte describen este breve contacto cuando explican haber sido atraídas por una brillante luz que les inundó de amor. Tales experiencias son posibles, pero no tienen nada que ver con la Plena Realización o Iluminación. Estas experiencias efímeras no tienen la capacidad de transformar a nadie ni de otorgar poderes extraordinarios, tales como la clarividencia o la energía para sanar a otros. Si uno permanece en la oscuridad y en la ignorancia durante su vida ¿Cómo es posible entrar en contacto con Atman, incluso por el breve momento de la muerte?. Si una lámpara tiene muchas pantallas alrededor, su luz es muy tenue. Cuando todas estas pantallas se quitan, la luz brilla. Ver la luz no es la Iluminación, pero realizar la Luz Interior esto es la verdadera experiencia. Esta no es la luz del sol, ni de la luna, ni de las estrellas; es la luz de la Sabiduría, de la Bienaventuranza eterna. No hay otra experiencia comparable a la Iluminación y la muerte no tiene este poder. El aspirante debería intentar alcanzar la Iluminación aquí y ahora, en este plano terrenal, en vez de esperar que esto le llegue después de morir.

Las almas ignorantes se quedan en el cielo o vuelven a la tierra para cumplir los deseos que no satisficieron. Quien lo desea, nace. Quien no lo desea, no nace. Según la teoría de la reencarnación, un alma viene a este mundo una y otra vez, dependiendo de sus acciones pasadas, de tal forma que en cada encarnación puede adquirir más y más conocimiento y al final, llegar a la perfecta liberación.

Esta teoría de la reencarnación no puede ser probada por los métodos científicos modernos. Un enfoque científico tan sólo puede considerarla como una teoría plausible que está en conformidad con las leyes de causa y efecto, y que son la base misma del universo físico. Los *rishis* de los Upanishads no creían en la teoría de una recompensa eterna en el cielo o en el infierno, porque tal hipótesis está basada sobre una relación desproporcionada entre causa y efecto. La vida en la tierra es corta y llena de tentaciones. Infligir al alma castigo eterno por los errores de unos pocos años, o de toda una vida humana, es perder todo sentido de la proporción. Los antiguos Sabios desarrollaron la teoría de la reencarnación sobre una base racional, afirmando que son los deseos pendientes de satisfacción los que llevan al alma a su siguiente reencarnación. El lapso de tiempo que el alma pasa en el tránsito de la muerte, antes de tomar otro cuerpo, tan sólo depende de la intensidad de los deseos. No hay reglas fijas establecidas.

Muchos filósofos occidentales como Pitágoras, Sócrates y Platón, afirmaron la teoría de la reencarnación. En los Evangelios y en las Escrituras de Zoroastro no se menciona la reencarnación de forma explícita, pero ninguno de los profetas repudiaron esta teoría. La razón está en que en tiempos de Cristo y de Zoroastro la reencarnación era una creencia común.

Creer o no creer no es una consideración importante para nuestro progreso espiritual. El hecho es que si Dios Todopoderoso es bueno y compasivo y decide el destino humano, no debería haber ninguna disparidad en la creación. La igualdad es la Ley del Absoluto y la disparidad es cosa de los humanos. Según la doctrina de la reencarnación somos todos enteramente responsables de nuestra vida, aquí y después. Cada uno nace en las circunstancias que han sido producidas anteriormente por sus propios karmas personales.

El alma, después de las satisfacción de ciertos deseos, deja un cuerpo y luego se encarna en otro. Según nuestros deseos y tendencias nacemos en circunstancias diferentes. La sutileza de las envolturas depende del grado de purificación. Somos los creadores de nuestro destino a través de nuestros pensamientos y actos. Dios ni castiga a los malos ni recompensa a los virtuosos.

No escogemos conscientemente los factores de nuestra próxima encarnación. Estos vienen determinados, o escogidos, por nuestras acciones, pensamientos y deseos anteriores. La aglomeración de *samskaras* que define superficialmente una persona como una personalidad, viaja de un nacimiento a otro. Estos surcos o *samskaras* cambian como las dunas en un desierto, respondiendo a las experiencias y voluntad de la persona. Cambian de forma y de influencia a lo largo del tiempo, creando diferentes personalidades y diferentes encarnaciones, pero siempre hacia la liberación final. Los surcos determinan las características de la encarnación –nacer hombre o mujer, tener estos padres, estos hijos, el nivel de vida, la duración de la vida, cuanto sufrimiento y cuanta alegría, etc. – No hay nada arbitrario en ello. El nacimiento está en perfecta concordancia con las necesidades espirituales del alma individual en evolución.

Los que se han dado cuenta de la naturaleza efímera de la vida en la tierra o en el cielo buscan evitar la infinita repetición de nacimientos y muertes. Aspiran al *Brahma Loka*, la Realidad más elevada, más allá de los cielos y de donde uno nunca vuelve. El individuo realizado permanece plenamente consciente en todas las condiciones; mientras vive en un cuerpo humano o durante el estado de muerte. El conocedor de Brahman no va a ningún reino o paraíso, ni se convierte en nada que no sea lo que siempre ha sido: Atman, el Ser de todo. Después de dejar el ropaje físico el alma realizada permanece en un estado de Bienaventuranza perpetua, de infinito Amor y Sabiduría. El conocedor de Atman es como una persona que se ha despertado y ya no sueña: es como un ciego que ha recuperado la vista. Un alma liberada que tiene experiencia directa de ser Atman no vuelve al plano material, a menos que escoja volver para servir a los demás. Este *Jivan-mukta* ya no está bajo el imperio de las dualidades, como esclavitud/liberación.

El alma iluminada ha quemado todas las cuerdas de Karma que atan a los seres humanos. Tiene libre voluntad y escoge entre volver a nacer o fundirse con el Absoluto. Si escoge renacer las circunstancias de este nacimiento están también escogidas conscientemente. Según el budismo tales almas se llaman *arhats*.

El secreto que fue revelado por el Rey de la Muerte es el mayor de todos los secretos para el ser humano que desea saber donde vivirá después de morir. Para los mortales esto suele ser un secreto durante muchas encarnaciones. Los misterios de la vida y de la muerte, y de la vida en el más allá, sólo los conocen unos pocos afortunados.

La humanidad ha aprendido muchísimo acerca del mundo material y de cómo utilizar la naturaleza. Los seres humanos han trabajado mucho para conocer los secretos del nacimiento y han encontrado los medios para hacer el proceso de nacer más fácil y menos doloroso. Sin embargo no han aprendido a prepararse correctamente para morir.

La muerte no es de temer, lo que es de temer es el miedo a la muerte. La muerte es como una madre que da reposo a los que han desperdiciado su tiempo y su energía en disfrutar del mundo, lo cual es como masticar una cáscara que tiene poco jugo y no apaga la sed.

La muerte es tan sólo una coma, no es un punto. La muerte es una experiencia solemne, un cambio del cual nadie puede escapar. El que no se prepara para ello está loco.

El Ser Interior no puede morir. Sigue existiendo después de que la envoltura física se ha destruido. El ser físico es el medio denso que permanece latente en Atman. Cuando el cuerpo físico deja de vivir la sustancia sutil del cuerpo permanece la misma. No se pierde nunca nada en el universo. La energía cósmica continúa de eternidad en eternidad.

La ciencia moderna ha descubierto que todo en este mundo no es sino el producto de vibraciones que impulsan las partículas de energía a atraer otras partículas de energía. La materia sólida ha sido reducida sucesivamente a estas partículas y luego a ondas electromagnéticas, entendidas finalmente como formas de energía. En la filosofía del yoga todo cuanto existe y ocurre en este universo es el resultado de movimientos y vibraciones, cuya causa es la energía cósmica o *prana*. Todos los objetos de este universo, sean animados o inanimados, están hechos de la vibración de *prana*. Esta vibración de *prana* está en la raíz de todos los fenómenos del universo y es la primera causa de todo cuanto ocurre en él. *Prana* es el principio de la vida cósmica y tiene sus propias leyes. Sin *prana* el universo no existiría. El científico Sir Arthur Eddington, dijo que hemos de recordar que el concepto de sustancia ha desaparecido de la física y ha sido sustituido por un concepto de periodicidad de ondas. La ciencia moderna ha demostrado que el mundo de la física es un fenómeno mental. No es por tanto de extrañar que la ciencia física haya terminado virtualmente en metafísica, confirmando así las revelaciones intuitivas de los antiguos *rishis: sarvan khalv idam Brahman* (en Verdad todo esto es Brahman).

La primera manifestación de *prana* fue el espacio, *akasha*, el cual poco a poco evolucionó en universo. Según el Vedanta no existe ninguna materia muerta en el universo. El universo entero es un organismo vivo. Yama le explicó a Nachiketa que todo cuanto existe en este mundo material no es sino una manifestación de la vibración de *Prana*. Según el Rig Veda la fuerza cósmica existía antes del comienzo de la evolución y seguirá existiendo después de la disolución del universo manifestado. Todas las fuerzas de la naturaleza han brotado a la manifestación a partir de una sola y poderosa fuente. El universo es la manifestación de este Uno que es el sustrato del universo. En el universo no existe ganancia ni pérdida de la vibración de *prana*.

Por el poder de *prana* y a través de las fuerzas de la evolución los mundos interiores y exteriores cobran existencia. El mundo entero es eterno en su naturaleza esencial, pero no es eterno en su forma exterior. Cuando todas las formas del universo queden destruidas, la sustancia sin forma –la energía madre del universo– seguirá existiendo de eternidad en eternidad.

Donde sea que haya vida hay alguna manifestación de inteligencia. La inteligencia y la vida van juntas. Esta inteligencia es la del Ser interior, que tiene como instrumento la fuerza vital, *prana*. Es en realidad el Ser el que vive y funciona con la ayuda de su fuerza vital.

El mundo objetivo es tan sólo una mitad del universo. Lo que percibimos con nuestros sentidos no es un mundo completo. La otra mitad, la cual incluye la mente, los pensamientos y las emociones, no puede explicarse por medio de la percepción sensorial de objetos exteriores.

Los cinco sentidos son las puertas a través de las cuales el ego entra en contacto con el mundo exterior. Estos cinco sentidos son las verjas a través de las que recibimos las vibraciones del mundo exterior. Estas vibraciones son primero transportadas a las células del cerebro. Cambios moleculares tienen lugar en éstas células y a su vez las vibraciones son traducidas por el ego en sensaciones. Después, las sensaciones se convierten en órdenes las cuales, después de una serie de procesos mentales, se transforman en conceptos. Y todo esto tiene lugar sin cesar. Cuando piensas en cualquier objeto percibes inmediatamente la imagen mental de este objeto. Esto se llama un concepto.

Si no existe una mente inteligente no hay percepción. El Vedanta describe así la situación: "Más finas que los órganos de los sentidos son las sensaciones, pero la mente está más allá, y más allá de la mente está el intelecto, y más allá del intelecto está el ego cósmico. Más allá del ego cósmico esta el Uno sin manifestar. Esto es el camino más elevado y alcanza la Realidad Ultima".

A la fuerza vital se le han dado cinco nombres según sus diferentes funciones en el cuerpo físico: *prana, apana, vyana, udana y samana*. En el cuerpo humano el aire que sube es *prana* y el que baja es *apana*. *Vyana* pasa como una llama a través de todos los miembros, manteniendo la circulación de todos sus fluidos y la energía por todo el cuerpo. *Udana* conduce al alma fuera del cuerpo en el momento de la muerte y el cuerpo asimila los alimentos gracias a *samana*.

Cuando el alma, o *jiva,* se va, la energía vital, *prana*, le sigue. Cuando *prana* se va, toda la vida que sostiene los órganos se va. El sistema respiratorio es el vehículo del *prana*. Es el aliento el que establece la relación entre la mente y el cuerpo. Cuando la inhalación y la exhalación dejan de funcionar ocurre la muerte. La muerte física es un cambio, pero no aniquila ni la mente subconsciente ni el alma.

El poder sutil de los cinco órganos de acción (la habilidad de hablar, manipular, andar, procrear y excretar), los cinco órganos de los sentidos de percepción, los cinco *Pranas*, *Manas* y *Buddhi* constituyen el cuerpo sutil. El cuerpo denso se disgrega con la muerte pero el cuerpo sutil sigue existiendo. La mente subconsciente, que es el almacén de todos nuestros actos y experiencias, se convierte en el vehículo del *jiva*, el alma. Todos los *samskaras* de nuestras numerosas encarnaciones permanecen en el almacén de nuestra mente subconsciente en un estado latente, como semillas. La relación entre el cuerpo sutil y el cuerpo material es similar a la relación entre la semilla y la planta. Lo mismo que la semilla contiene todas las cualidades de la planta en su germen, la mente subconsciente contiene todos los *samskaras* de nuestras previas encarnaciones.

Los budistas y los yoguis disciernen entre el alma, la mente y el cuerpo. El alma no ha sido creada. En esencia es Consciencia y es perfecta. Después de la disolución del cuerpo físico todo permanece latente. El alma pervive. Nuestra alma permanece perfecta y no se disuelve ni se destruye con la muerte. Si el alma es la verdadera entidad y existencia tiene que haber algún medio de experimentarla. Todo aquel que emprenda la disciplina espiritual adecuada puede tener esta experiencia.

La vida y la muerte no son más que dos nombres para el mismo hecho, las dos caras de una misma moneda. El que vaya más allá de tales diferenciaciones puede conquistar la muerte y llegar a la otra orilla, es decir a la Vida Eterna. Un ser humano que entiende que la Verdad fundamental es que Atman es inmortal y que todo lo demás es perecedero, puede resolver el misterio de la muerte. La vida después de la muerte puede ser experimentada aquí, en esta vida misma, por aquellos que alcanzan *samadhi*. Los que han realizado su propio Ser son inmortales.

12.

El Dominio Sobre la Muerte

La muerte es un hábito del cuerpo.

Los yoguis han descubierto que hay algo más que aprender acerca de la muerte. La muerte no es sólo una pausa necesaria en el viaje de un alma hacia lo Eterno. Es un pasadizo y una herramienta que una persona puede utilizar según su voluntad.

Para entender esto volvamos al Kathopanishad. Yama dice del cuerpo que es el palacio de un rey. El rey es Atman. Yama describe once puertas en este palacio. Siete de estas puertas son sensoriales –dos ojos, dos oídos, dos orificios nasales y una boca–. Otras tres puertas son el ombligo y los órganos de procreación y de excreción. La última puerta, que no suele ser conocida, está en el centro del cerebro y se llama *brahmarandhra,* la fontanela en la coronilla.

Es el asiento del Infinito, el asiento del rey, Atman. Desde este asiento, Atman guía y dirige a sus servidores –mente, intelecto, sentidos de acción y sentidos de percepción–. Las diez primeras puertas son los conductos para la vida en el mundo. *Brahmarandhra* es la apertura a la Vida Divina y Eterna. En el caso de las personas corrientes la fuerza vital se va a través de cualquiera de las diez primeras puertas, especialmente a través de la que ha sido el asiento de uno de los deseos más intensos. El perfecto yogui se va a través de la onceava puerta.

Los Upanishads enfatizan la diferencia y subrayan que el rey de las once puertas es Atman. Atman es a quien hay que servir, y el modo de hacer esto consiste en dominar la actividad de las once puertas controlando el intelecto, la mente y los sentidos. Los yoguis saben hacer esto y cómo servir y descubrir a Atman. Han aprendido a utilizar el *brahmarandhra* para entender los misterios de la reencarnación.

Cuando las puertas hacia el mundo exterior y hacia la Vida Eterna están totalmente reguladas, entonces se entiende la relación entre la vida en el mundo y la Vida Eterna. El dolor de la muerte y los grandes miedos que están asociados con ella, desaparecen. Cuando todos los elementos que forman un ser humano, incluyendo los sentidos, las ondas de pensamiento y las energías en la mente y en el cuerpo, se armonizan, entonces Atman se revela.

La muerte es un hábito del cuerpo. Nadie puede vivir en el mismo cuerpo para siempre porque el cuerpo, como cualquier compuesto químico, está sujeto a cambio, deterioro y muerte. Aferrarse a aquello que a la fuerza va a desaparecer crea miedo y dolor. Este aferramiento es natural y está compartido por todos aquellos que permanecen enfocados tan sólo en el aspecto físico. Sufren porque no se dan cuenta de la totalidad. La meditación que lleva finalmente a *samadhi* permite liberarse de ese aferramiento al cuerpo. A través de la meditación se logra control sobre las once puertas. Entonces el ser humano tiene dominio sobre cuerpo, mente y alma y se vuelve consciente de la totalidad. La técnica de la meditación está libre de dogmas religiosos.

Brahmarandhra se abre tan sólo en el momento de la unión con Atman, y está unión es posible a través de *samadhi*, el estado trascendental en el cual no ocurre ninguna fluctuación en la mente, ni deseos, ni miedos ni apegos. La palabra *samadhi* significa *samahitam* (ninguna pregunta queda sin contestar, ningún misterio queda sin resolver). Al mismo tiempo, la cháchara mental cesa y todas las lenguas se olvidan. En un estado así la mente no tiene medio de cavilar ni de moverse. Es un glorioso estado mental en el cual la mente queda absorbida en la contemplación del infinito, más allá de lo intelectual. Yama describe el estado de *samadhi* en el cual se llega al reino de la inmortalidad y se realiza Atman. Dice: "Cuando todos los sentidos están retirados de los órganos y se silencian, cuando la mente está sosegada y quieta y los pensamientos no estorban a la mente, en este estado la gloria de Atman se hace realidad y la bienaventuranza se manifiesta. Este es el estado de *samadhi*".

Este alto estado de *samadhi* no es en absoluto similar a la muerte. *Samadhi* es un estado de iluminación mientras que la muerte es una experiencia en la oscuridad de la ignorancia. En *samadhi* uno está plenamente consciente, pero en la muerte no hay consciencia. Para el ser humano corriente la muerte es como un prolongado y profundo sueño; el alma permanece atada a la mente después de la muerte, pero el individuo permanece en un profundo sueño. No se da cuenta de nada. Yama dijo a Nachiketa que *samadhi* no es un estado de muerte –es la unidad, la identidad más allá de los reinos del mundo, sean físicos o mentales–.

En el mundo relativo el alma experimenta tres estados diferentes: el estado de vigilia, el estado de ensoñación y el estado de sueño profundo sin sueños. En el cuarto estado, llamado *turiya*, Atman está en su verdadera naturaleza como testigo desapegado de los otros tres estados del alma. Durante el estado de sueño profundo el alma disfruta de estar libre de todos los dolores y sufrimientos, pero en *turiya* tiene experiencia de sí misma completamente desapegada de todos los demás estados. *Turiya*, el estado supra consciente, es sinónimo de *samadhi*. La diferencia entre *samadhi* y el sueño profundo es aparentemente muy poca. El sueño profundo es un estado de alegría, pero uno no se da cuenta de ello. En *samadhi* el yogui es plenamente consciente del estado de bienaventuranza. Es una experiencia directa derivada de Atman que no se puede experimentar de ningún otro modo.

Hay dos clases de *samadhi*: *Savikalpa*, con forma y *nirvikalpa*, sin forma. Durante *savikalpa samadhi* el yogui contempla sus propios estados físicos o mentales como si no le pertenecieran. Permanece completamente distanciado. Esto se llama *savikalpa samadhi* porque el pensador, lo pensado y el pensar están presentes. En *nirvikalpa samadhi* el yogui está libre de todo apego. En este estado, más profundo, lo pensado y el pensar no existen; tan sólo existe El que sabe. *Nirvikalpa* es el estado más elevado en el cual el yogui se funde con la bienaventuranza eterna y permanece en unión con su verdadero Ser, Atman.

La experiencia de *samadhi* no se puede describir, porque es un estado excepcional más allá del pensamiento, de la palabra y de la acción. Los seres humanos están aprisionados por innumerables ataduras. Cuando se alcanza *samadhi* el aspirante se libera para siempre. Es el estado más elevado, la morada eterna de los yoguis inmortales. La vida después de la muerte puede ser experimentada aquí, en esta encarnación, por los que han alcanzado *samadhi*, este estado en el cual las fronteras de la muerte se han trascendido.

La parte conocida de la vida es una línea que se estira entre dos puntos, el nacimiento y la muerte. La mayor parte de nuestra existencia permanece desconocida e invisible más allá de estos dos puntos conocidos. Los seres humanos corrientes no tienen ningún conocimiento de la transición llamada muerte, pero los yoguis iluminados y perfectos entienden la vida aquí y más allá. Los que han aprendido a controlar las once puertas saben lo que hay más allá, y este conocimiento les da dominio tanto sobre la muerte como sobre la vida.

Los que han conseguido este dominio no están sujetos a los caprichos de la muerte. Dejan sus cuerpos y mueren bajo su propio control en el momento que lo deciden. De forma consciente salen por la onceava puerta, *brahmarandhra*. Se dice que aquel que viaja por esta puerta conoce tanto la vida después como la vida aquí. Ya no hay ningún velo entre las dos.

Los yoguis expertos han aprendido a dejar su cuerpo de varias formas. Mencionaremos aquí unas pocas de estas antiguas técnicas de los yoguis, tan sólo para insistir en la hecho de que hay otro modo de enfrentarse al momento de la muerte, además del habitual.

El modo común de morir utilizado por los yoguis es *mahasamadhi*. *Samadhi* es el término que expresa el estado más elevado de quietud al que puede llegar un ser humano. *Maha* significa grande. Los yoguis no llaman morir al fin de la vida, sino dejar el cuerpo, dejar aquello que ya no es necesario, tan simple como eso.

La técnica de abandonar el cuerpo de forma consciente le fue descrita a Nachiketa. Yama le explicó que de todos los *nadis* o canales de energía dentro del cuerpo el más importantes era *sushunma. Sushunma* va hacia arriba por el centro de la columna vertebral. La energía espiritual o Fuerza Divina llamada *kundalini* fluye por *sushunma. Sushunma* es el punto clave de la liberación. Alguien que puede entrar en sushunma en el momento de la muerte puede alcanzar Brahman, la meta más alta de la vida. Todos los demás caminos son caminos de reencarnación.

Para dejar el cuerpo, el yogui despierta el poder de la serpiente dormida o *kundalini* y esta energía entra en el conducto de *sushunma.* Sube hasta el *ajna* chakra, el loto de dos pétalos en el entrecejo. Allí el yogui reúne y controla todas las demás energías de la fuerza vital en el cuerpo y que se conocen como *pranas.* Retira su Consciencia de la existencia relativa a la tierra, de los sentidos y de los cinco chakras inferiores. Se concentra en el *ajna* chakra y luego poco a poco hacia arriba, hacia *sahasrara*, el chakra de la coronilla. Mientras se concentra en la coronilla abandona su cuerpo a través de las fontanelas y se eleva finalmente hacia el reino de Brahman, el Absoluto.

Un medio específico de abandonar el cuerpo es congelarlo mientras se está en *samadhi.* Esta es una forma tradicional de morirse para un grupo particular de yoguis del Himalaya. Se llama *hima-samadhi.* El yogui se sienta en *samadhi,* en la quietud del frío de la montaña, y deja su cuerpo helado.

Otra técnica similar se llama *jala-samadhi.* Se lleva a cabo en las aguas profundas de los ríos del Himalaya. El yogui retiene su respiración y deja su cuerpo.

Sthala-samadhi se hace sentándose en la perfecta postura de yoga y abriendo conscientemente el *brahmarandhra.*

Hay otra forma muy excepcional de dejar el cuerpo, mediante la meditación sobre el plexo solar, la llama interna del fuego dentro del cuerpo lo quema en una fracción de segundo. Todo el cuerpo se reduce a cenizas.

En todas estas técnicas no hay dolor. No es como suicidarse, lo cual es un acto de desesperación y miedo. Los yoguis dejan su cuerpo cuando ya no les sirve de instrumento adecuado hacia la Iluminación. Cuando su cuerpo ya no es eficaz para su esfuerzo hacia la Iluminación lo consideran una carga inútil. Tal es el conocimiento de la vida aquí y después que fue impartido por Yama a Nachiketa, en el Kathopanishad.

He sido personalmente testigo muchas veces de yoguis dejando su cuerpo conscientemente. En el año 1938, cuando me mandaron a Benarés para quedarme con un matrimonio bengalí, me informaron que ambos, marido y mujer, dejarían su cuerpo al mismo tiempo. Los dos habían estado meditando juntos muchos años. Anunciaron el momento de su muerte y fui uno de los testigos.

Encontré un yogui en Paidung, en Sikkim, el año 1947. No solamente podía morir a voluntad sino que también podía traer a un muerto de vuelta a la vida. En aquellos tiempos estaba muy deseoso de conocer este misterio llamado *parakaya pravesha*. Demostró este hecho en mi presencia cinco veces. El yogui me pidió que le trajese una hormiga viva. Se la traje y personalmente la corté con una navaja en tres partes y repartí los trozos a una distancia de diez pies uno del otro. El yogui de repente entró en profunda meditación. Examinamos su pulso, los latidos de su corazón y su aliento, pero no había señal de vida. Antes de que alcanzara el estado de profundísima meditación hubo grandes sacudidas en su cuerpo.

Los trozos repartidos de la hormiga se movieron y fueron a reunirse otra vez. La hormiga volvió a vivir y empezó a andar. La guardamos tres días bajo observación. El yogui explicó dos métodos de hacer revivir un cuerpo muerto: la ciencia solar y *prana vidya* (la ciencia de prana). Ambas ramas de esta ciencia de los yoguis son conocidas tan sólo por unos pocos afortunados, en los Himalayas y en el Tíbet. Jesús demostró que conocía estos métodos cuando hizo resucitar a Lázaro. Tal vez durante su visita al Asia Menor aprendió aquellas técnicas de los yoguis.

Otro ejemplo interesante, que me gustaría mencionar aquí, se refiere a la muerte anunciada por un yogui durante el Kumba Mela en 1966, en Allahabad. Uno de mis amigos, Vinaya Maharaj, mandó un mensaje a mi albergue informándome de que iba a dejar su cuerpo y que debería venir a ser testigo de ello. Durante Vasanta Panchami (la celebración del primer día de la primavera) a las 4,30 de la madrugada, de pronto dijo "ahora ha llegado el momento". Entonces se sentó en la postura de meditación, *siddhasana*, cerró los ojos y se hizo silencio. El sonido "tic" vino del rompimiento del cráneo en el momento en que dejó su cuerpo a través de *brahmarandhra*.

También es posible para un yogui muy avanzado entrar en el cadáver de otro hombre, si quiere y si hay uno adecuado que sea asequible. Tan sólo los expertos iniciados conocen estas técnicas. Para la mente ordinaria esto parece una fantasía.

La capacidad para dejar el cuerpo conscientemente en el momento de la muerte no está limitada tan sólo a los yoguis expertos. Es mi firme convicción que la gente que vive en el mundo puede practicar los pasos más elevados de yoga y de meditación, incluso mientras cumplen con sus deberes y viven una vida normal. Con esfuerzo sincero, preparación adecuada y guía, alguien que no es un yogui puede también alcanzar la Iluminación antes de dejar su cuerpo.

La madre de Ramana Maharshi no era una persona iluminada, aunque su hijo sí lo era. Mientras se estaba muriendo, él le puso una mano en la frente y otra en la zona del corazón. Los que eran testigos de su muerte notaron que ella estuvo algún tiempo en agonía, pero que el poder de voluntad de Ramana Maharshi le ayudó a cruzar el pantano del engaño y alcanzó la plena Realización.

He sido testigo de dos casos similares. Uno de ellos en Minneapolis. La madre de un famoso siquiatra, Dr. Whitacre, había practicado meditación durante muchos años. En el momento de su muerte entró en *samadhi* profundo y dejó su cuerpo conscientemente. El otro fue en Kanpur. Hay allí una familia de doctores cuya madre era muy devota del Señor. Era una de mis iniciadas. Seis meses antes de su muerte decidió vivir sola en una habitación recordando el nombre del Señor y meditando. Después de seis meses enfermó y se quedó en la cama. El momento de su muerte parecía inminente. Durante sus últimos días estaba completamente desapegada y metida en su *sadhana*. No permitió ni siquiera a su hijo mayor, Dr. A.N. Tandon, quedarse en su cuarto. Cinco minutos antes de su muerte llamó a todos los miembros de su familia y los bendijo. Luego dejó su cuerpo con total consciencia.

Después de su muerte, las paredes de esta habitación en la cual vivió vibraban con el sonido de su mantra. Alguien me informó de esto y no me lo podía creer, así que visité la casa y descubrí que el sonido de su mantra seguía vibrando allí.

El mantra es una sílaba o una palabra o un grupo de palabras. Cuando se recuerda el mantra conscientemente de forma automática queda

almacenado en la mente inconsciente. En el momento
de la muerte, el mantra que está almacenado en la
mente inconsciente, se convierte en nuestra guía. Este
período de separación es penoso para el ignorante.
No es el caso de una persona espiritual que ha
recordado al mantra fielmente. El mantra sirve de guía
espiritual que disipa el miedo a la muerte y le conduce
a uno sin miedo al otro lado de la vida.

Para los yoguis y hombres o mujeres de sabiduría
la muerte es un evento de poca importancia. Para ellos
es tan sólo un hábito del cuerpo, un cambio como otros
cambios que ocurren en el proceso de crecer. Si todo
el mundo se diera cuenta de esto habría menos pena
en las personas que envejecen y se les acerca el
momento de morir. La muerte y el nacimiento son
dos puertas de una misma casa. Entrar por una puerta
se llama nacimiento y salir por otra se llama muerte.
Sólo unos pocos afortunados conocen el misterio del
nacimiento y de la muerte.

13.

Liberación del Apego

La muerte es el momento crítico de recoger todas las experiencias, pensamientos, acciones, recuerdos y todo lo que estaba difuso y disperso en la vida, y concentrarlo en un sólo punto, en un sólo momento, hacerlo pasar todo por el ojo de una aguja de tiempo y espacio.

Todo ser humano tiene la capacidad de dejar el cuerpo de forma voluntaria y alegre como los yoguis, pero pocos aprenden a hacerlo. Para la mayoría de la gente, por muy interesante que *maha samadhi* pueda ser, éstas prácticas son extrañas y parecen inalcanzables. Como mucho, estas prácticas sirven de meta lejana o como una inspiración de que la vida puede ser contemplada de forma diferente de lo habitual, y que la muerte no es necesariamente algo que haya que temer o soportar sin remedio.

Sin embargo, el hecho es que *maha samadhi* permanece fuera del alcance de la mayoría de la gente. Si es verdad que *maha samadhi* no es alcanzable de forma práctica para el término medio de la humanidad, entonces ¿cómo hay que entender la muerte?. ¿ha de ser tan sólo esta niebla oscura que acaba con la existencia cuando quiera, atrapando a la gente contra su voluntad y sin que esté preparada?, ¿Cómo puede la gente corriente prepararse para su propia muerte o para la de sus allegados?, ¿Cómo puede alguien minimizar el dolor de la muerte? y ¿puede la gente encontrar verdadero consuelo en el hecho de que la muerte es universal y segura?.

Como hemos repetido muchas veces el miedo a la muerte proviene del apego. Los seres humanos están apegados a su cuerpo y se identifican con él. Es fácil entender que el mero pensamiento del fin del cuerpo sea algo terrible, porque significa, según ellos, el final de la identidad o existencia. Mientras un ser humano permanece en la ignorancia y piensa que es su cuerpo y sus formas densas y sutiles, temerá la muerte y quedará bajo su imperio. El mayor obstáculo en el camino de la Realización es el apego al cuerpo y a los objetos del mundo. Este apego nos hace ser esclavos. A causa del apego experimentamos miedo a las pérdidas y a la muerte. Cuando más apego al cuerpo, mayor es el miedo a la muerte.

El mismo principio se aplica a los que están apegados a las cosas de este mundo; sus casas, sus propiedades, su ropa, sus joyas, su dinero. Temen perder estas cosas porque de algún modo estas cosas les dan sentido, identidad y valía. También nos apegamos a otras personas. La emoción que sentimos por los demás nos da una identidad y tememos perder esta identidad al morir nosotros y también al morir ellos. Si nuestra identidad está de algún modo definida por el apego a los demás, su muerte entonces afecta esta identidad.

La solución es disolver estos apegos, al cuerpo, a las posesiones y a los demás. Es éste un punto importantísimo. Reducir y finalmente eliminar los apegos no significa escapar de la vida, negarse a disfrutar de la vida o disminuir el valor de la vida. De hecho lo que ocurre es todo lo contrario. Al reducir los apegos, la vida cobra más valor, se enriquece y se expande. El aspirante aprende a amar, a dar, a abrirse a los demás y a los acontecimientos del mundo. El apego significa agarrar, retener, aferrarse, reducirse. Cuando llega la muerte se nos arranca todo lo que hemos agarrado. Cuanto más fuerte nos agarremos a algo, mayor será el desgarro y más profundo el dolor. Si se ha vivido con las manos abiertas, sin apegos, entonces llega el momento de morir, pero no hay desgarro.

No podemos de repente despertarnos y dejar todo apego. Romper el hábito de apegarse es el Trabajo de toda una vida y requiere atención diaria, porque los atractivos y las tentaciones del mundo tienden siempre a reforzar los apegos.

Mientras los aspirantes trabajan el no apego deben al mismo tiempo desarrollar algún entendimiento de lo que es la muerte y de lo que produce. ¿Realmente significa el fin de la vida?. ¿Es acaso este horrible acontecimiento algo malo que amenaza en la oscuridad, que llega sin ser llamado?.

Desde un punto de vista oriental metafísico la muerte no puede finalizar la vida. El cuerpo se acaba en un momento dado. Pero el individuo no termina. Desde esta perspectiva la muerte no parece ni oscura ni horrible, es tan natural como el nacimiento, es incluso tan milagrosa y hermosa como un nacimiento. La muerte, como el nacimiento, conducen a la vida y al crecimiento.

Bajo esta perspectiva un individuo entra en un momento del tiempo y del espacio para un propósito específico. Es como labrar y sembrar un campo en primavera. El momento y las condiciones son las adecuadas para cumplir el propósito. Hay que hacer estar labor en este tiempo. Cuando se acaba la labor ya no hay ninguna razón para permanecer en el campo. Es entonces el momento de esperar, de dejar que las semillas germinen y que la cosecha crezca. Cuando el proceso de maduración ha terminado es hora de volver al campo, con otro propósito, en otro momento.

Así es la existencia humana. El mundo es como un campo. Un individuo viene y lo prepara en el momento adecuado y se va hasta que llegue otra vez el momento de volver y de hacer la recolección.

Se puede hablar de la visita de un individuo a la existencia terrenal en términos de energía, o de tiempo y espacio, o de Karma, o de un cierto número de otras nociones filosóficas. Las filosofías afirman que un individuo tiene o es energía y que la energía no se puede destruir, sólo se puede transformar. Las filosofías señalan que los individuos entran en determinadas condiciones de tiempo y espacio y que luego pasan a otras. Argumentan que el Karma de un individuo lleva su existencia de una forma a otra, para ciertas experiencias y por tiempos específicos. Estas filosofías pueden ser útiles y reconfortantes. Pero a pesar de todo el entendimiento de estas filosofías la idea de la muerte atemoriza a todo el mundo y a veces no sirve de alivio todo cuanto se pueda leer acerca de ello. La muerte sigue siendo un acontecimiento que hemos de afrontar solos. Tan sólo nuestra propia filosofía –la que hemos realizado personalmente– importa a la hora de la muerte.

La muerte es la confrontación del individuo con el miedo más fundamental. Pese a todo el Trabajo de auto-transformación que una persona haga y a la forma que tenga su filosofía, imaginar el momento de la muerte asusta. Hasta un cierto punto todo el mundo experimenta el miedo a la muerte. Nos podemos convencer en diferentes grados de certeza de que la muerte no es tan terrible. Podemos decir que es un mero cambio de un estado de existencia o de consciencia a otro. Podemos decir que, al menos, la muerte acaba con el sufrimiento de la vida, o que tal vez es una puerta hacia la eternidad. Con lo que sea que intentemos reconfortarnos sigue habiendo algo de miedo. Tememos a la muerte. Este temor, grande o pequeño, se intensifica y se enfoca en el momento preciso de salir de este mundo. Este temor se vuelve intenso y todas las filosofías se dejan a un lado.

Pero este miedo natural tiene también el poder de ser un gran beneficio. Atrae la atención del moribundo y la concentra. Cómo y sobre qué enfoca una persona moribunda su atención refleja el contenido de la vida que termina y pone en marcha la vida siguiente.

La muerte es el momento crítico de recoger todas las experiencias, pensamientos, acciones, recuerdos y todo lo que estaba difuso y disperso en la vida, y concentrarlo todo en un sólo punto, en un sólo momento, hacerlo pasar todo por el ojo de una aguja de tiempo y espacio. La energía empleada en el empuje de este impulso y todo lo que viene con ello y hacerlo pasar por el ojo de la aguja es enorme. Es suficiente para dar forma a otra encarnación.

Cómo llegamos a este ojo de aguja, lo que aportamos a ello y cómo pasamos por ello son preguntas de tremendo impacto. Cómo se vive la vida, el viaje que lleva a una persona hacia su muerte, son cuestiones de enorme importancia.

Se compara muchas veces dormir y morir. Cómo se vive un día determina la calidad del sueño aquella noche. Si una persona se acuesta llena de pesares, de miedos, de sentimientos de vacío y de descontento, el sueño será irregular y todos estos pensamientos negativos serán acarreados al siguiente día, determinando en gran parte la cualidad de ese día.

Deseos no satisfechos este día impregnarán el día siguiente y afectarán el tono mental y emocional. El nuevo día es de hecho consecuencia de la clase de sueño que determinó el día anterior.

Id a dormir libres y contentos de modo que podáis abrazar el nuevo día plenamente y así apreciar sus valores y alcanzar sus metas. Haced lo que podáis este día y luego soltadlo todo. Mañana cuidará de sí mismo, será otro día y cada día tiene su propia valía y su propio propósito.

El mismo fenómeno ocurre en la muerte. La calidad de vida en el momento de la muerte es muy determinante del estado mental del moribundo. A la hora de morir la mente se vuelve muy enfocada. Es un momento de verdadera meditación, de atención muy sólida. Si la vida de una persona se ha caracterizado por el temor, por el miedo, entonces estas cualidades aumentarán en el momento de morir. Si una persona ha vivido de forma indisciplinada entonces la muerte llegará de una forma igualmente indisciplinada.

La muerte está fuera del control de alguien que haya vivido sin disciplina y sin meta. Si no ha controlado el cuerpo o la mente ni canalizado los instintos básicos de comida, sueño y sexo, entonces en el momento de la muerte tampoco podrá tener control. Todos los deseos insatisfechos, todos los miedos y todas las tendencias a satisfacer los instintos, abundan en el momento de la muerte tan fuera de control como lo estuvieron durante la vida. Lo que sea que siga en la existencia de esta persona será determinado por esta conmoción interior, exactamente como el sueño agitado y lleno de angustia de la noche determina la calidad del día siguiente.

Sin embargo, la persona que ha llevado una vida disciplinada y ha aprendido a soltar sus apegos puede pasar armoniosamente de esta vida a la siguiente. Esta persona se puede ir, como un huésped que sabe que la visita ha terminado. El propósito de su vida se ha cumplido. Con una exhalación, se marcha. Simplemente se va, sabiendo que la Realidad es interior, eterna, que no está afectada y que es independiente de la gente y de las cosas de este mundo que hay que dejar.

En la India, la tradición es la de recordar a los demás y a uno mismo que cuando a un alma le llega el momento de marcharse hay que dejarla marchar. Este alma ya nada tiene que ver con este tiempo ni este espacio. Déjala irse.

En la India, en el momento de la muerte se lee el segundo capítulo de la Bhagavad Gita, para recordar que no hay que tenerle miedo a la muerte y que hay que contemplar el viaje del alma. Al principio del segundo capítulo, Arjuna se enfrenta a la perspectiva de la muerte. Tiene miedo, tiene pena y está deprimido. Su Maestro, Krishna, le dice que no tenga miedo, que no caiga en la debilidad sino que se eleve como el fuego. ¿Por qué toda esta emoción a causa de la muerte?, le pregunta Krishna. La vida y la muerte son parte de la misma rueda que gira, cada una es la mitad del círculo, cada una se mueve y gira con y hacia la otra.

14.

¿Quien Soy?

Atman ha de ser alcanzado, asumido y conocido por experiencia.

Una antigua historia de la creación cuenta que después de que los paraísos, las estrellas, la tierra, el aire, las aguas, el cielo y todas las criaturas de la tierra y del mar fueron creados, Dios creó la raza humana. Cuando el primer humano se despertó y se dio cuenta por primera vez de la vida en el mundo miró alrededor de él, a los lagos y ríos, a las montañas y bosques, a los peces, a las aves y a los grandes rebaños de animales. Estaba silencioso. Miró al cielo, al sol y a la luna y a la gran oscuridad del espacio con los millones de estrellas. Estaba silencioso. Miró entonces a Dios. Estaba silencioso. Cuando hubo abarcado todo lo que le rodeaba, incluyendo a Dios mismo, el primer humano en la tierra miró finalmente hacia sí mismo y dijo: ¿Quién soy?.

El primer humano no miró a los animales y a las estrellas y dijo: ¿Qué son?. No preguntó ¿Dónde estoy?. Ni siquiera le preguntó a Dios ¿Quién eres?. Sus primeras palabras, sus primeros pensamientos inquisitivos, su primera curiosidad fue conocer su propia identidad.

Es esta pregunta la que mueve a todos los seres humanos. Todo cuanto un ser humano haga o quiera, incluye esta pregunta. La gente quiere paz y felicidad. De forma instintiva sabe que la adquisición de paz y felicidad depende de la respuesta a la pregunta ¿Quién soy?.

Darnos cuenta de forma consciente que ésta es la pregunta de la vida es un primer gran paso en el viaje sagrado. El siguiente gran paso consiste en encontrar la respuesta.

Nachiketa en el Kathopanishad sabía que la respuesta se hallaba en el gran ciclo de la vida y de la muerte y exigió que Yama le explicase el misterio. Nachiketa tuvo la fuerza, la paciencia y la perseverancia necesarias para no aceptar el "no" de Yama como respuesta; para no aceptar que le regalara otra cosa que no fuera el Conocimiento.

Atman es la respuesta. Soy Atman. Eres Atman. Tu y yo somos Uno. Esta es la respuesta.

Como Yama le dijo a Nachiketa, no basta con oír acerca de Atman. Atman ha de ser alcanzado, asumido y conocido por experiencia. Yama explicó que aprender no es suficiente para alcanzar Atman, ni tampoco sirve tan sólo el uso del intelecto, ni la Enseñanza Sagrada.

Alcanzar Atman requiere elección y acción.

Tal es el mensaje del Kathopanishad y el significado de la vida y de la muerte. A Nachiketa se le dio a escoger. Se le ofrecieron las mayores cosas que hay en la vida terrenal –riqueza, poder, placeres sensuales–. Escogió otra cosa. Haber escogido los atractivos del mundo hubiera significado otra vuelta por los infinitos ciclos de muerte y nacimiento. En cada atracción hubiera experimentado una gota de placer seguida de un río de dolor, seguida del miedo a perder y finalmente la muerte. Cada objeto material cambia y muere. La gente siente el dolor que proviene de estas atracciones y sin embargo sigue creyendo que la próxima vez, finalmente, estas cosas le traerán paz y felicidad. Esta creencia, como Nachiketa sabía muy bien, trae a la gente de vuelta al plano de las atracciones, una y otra vez: vivir, desear, temer y luego volver a morir.

El Kathopanishad dice: "El tonto corre tras los placeres exteriores y cae en las trampas de la muerte que abarca mucho".

El antiguo Dios del Deuteronomio en la Biblia dice con sencillez: "He puesto ante ti la vida y la muerte, una bendición y una maldición. Por lo tanto, escoge la vida".

Escoge lo que no muere. Esta es la solución del misterio. Atman es la respuesta. El desafío consiste en encontrar a Atman.

Las cosas de este mundo están hechas para ser disfrutadas. No es persona de sabiduría quien se apega a ellas, porque no duran. Disfruta de las cosas de este mundo y luego deja que se vayan. Deja que pasen por tu vida. Abraza la vida entera, absórbela toda, pero hazlo con sabiduría y camina hacia el Conocimiento. La vida en el mundo es un medio, no es un fin.

Vivir bien la vida es un arte. Requiere no sólo sabiduría, sino valor. "Esta esclavitud del ser humano a una realidad que no es eterna" dice Shankara, "no puede ser rota ni por las armas, ni por el viento, ni por el fuego, ni por millones de actos. Nada excepto la espada bien afilada del Conocimiento puede cortar y deshacer esta esclavitud. Esta espada está forjada por el discernimiento y afilada por la pureza de corazón, a través de la Gracia Divina".

La vida es breve y valiosa.

No malgastes tu tiempo en la jaula de rata de los objetos y de las tentaciones. No corras tras el placer. Utiliza las cosas del mundo para tu crecimiento espiritual. Esto es elegir la vida.

La meta es Atman. El mensaje de los Upanishads es que sólo existe Uno. Todo es Uno. Tener deseos por las cosas del mundo traduce el Uno en muchos. Yama le dijo a Nachiketa "aquel que ve muchos y no el Uno, va de muerte en muerte".

La elección es Dios o Mammón, lo permanente o lo transitorio, Uno o muchos, Atman o los deseos del mundo. Una elección significa la Vida y la otra la muerte. Tal es el misterio.

El Autor

El profundo amor de Swami Rama por su tradición espiritual se refleja en su vida y en su obra. Es un pensador libre, guiado por la experiencia directa y la sabiduría interior. Su enfoque universal y no sectario de la vida y la Enseñanza que imparte, hacen de él una fuerza unificadora de oriente y occidente. Su contribución escrita incluye comentarios profundos de obras espirituales como el Bhagavad Gita y los Upanishads, y son guías prácticas para aplicar la antigua sabiduría de Oriente a los campos de la sicología y la salud. Asimismo ha escrito una interpretación poética del Ramayana en dos volúmenes. También relata sus experiencias con los grandes Maestros que guiaron su vida y su desarrollo espiritual. Finalmente nos ha dejado una colección muy personal de poesía en prosa acerca de sus propias experiencias espirituales.

Es el fundador del Himalayan International Institute of Yoga Science and Philosophy y del Himalayan Institute Hospital Trust y Medical College, situado en Jolly Grant, Dehradun.

Describirle como un yogui, un científico, un filósofo, un humanista y un poeta místico, no proporciona sino un mero atisbo de la totalidad del ser humano notable conocido como Swami Rama. Tras alcanzar la mayor Iluminación espiritual intentó, con una energía que parecía no tener fin, alcanzar la perfección en sus acciones en el mundo exterior. Su vida demuestra la capacidad humana de vivir en el mundo y sin embargo permanecer por encima de él.

Himalayan Institute
Hospital Trust

El Himalayan Institute Hospital Trust fue fundado en l989 por Swami Rama. Sigue creciendo gracias a la extraordinaria generosidad de los que le apoyan y a la actitud entusiasta del gobierno hindú.

Incluye uno de los hospitales más modernos y mejor equipados de Asia, una Universidad de Medicina con niveles muy elevados y Clínicas Móviles o Centros Satélites para servir a los muchos pueblecitos de la región.

Su enfoque en Medicina preventiva, creativa y curativa es especial, así como el hecho de crear un nuevo modelo de educación médica y de asistencia sanitaria que incorpora la base espiritual de la vida con relación a la salud y la tecnología moderna.

Los proyectos de expansión o de desarrollo son: aumentar el número de camas para pacientes internos, de 500 a 2.500, un centro de cirugía para cardiopatías y neuropatías, un centro de traumatología con servicio de aviones-ambulancia, un centro de oncología; centros de investigación de medicina ayurvédica, homeopática y de yoga; colegios de farmacia y de enfermería.

Lo más importante es que muchos de los 15 millones de personas de la región que se han enfrentado al sufrimiento con poca o ninguna asistencia médica, pueden ahora contar con el acceso a servicios modernos para ellos y sus familias cuando ello sea preciso.

Para el contacto de información: Himalayan Institute Hospital Trust, Swami Rama Nagar, P.O. Doiwala, Distt. Dehradun 248140, Uttaranchal, India
phone: 0135-412068, fax: 0135-412008
hihtsrc@sancharnet.in; www.hihtindia.org

Swami Rama Foundation of the USA, Inc.

La Fundación Swami Rama de EEUU es una organización registrada, sin ánimo de lucro y exenta de impuestos, comprometida con la orientación del sabio hindú Swami Rama. La Fundación se estableció para proporcionar ayuda financiera y apoyo técnico a las instituciones e individuos preparados para poner en práctica esta orientación dentro y fuera de EEUU. La esencia de la posición de Swami Rama se basa en tender un puente entre la ciencia occidental y la sabiduría oriental mediante la integración de mente, cuerpo y espíritu.

Para el contacto de información: Swami Rama Foundation of the USA, Inc., 2410 N. Farwell Avenue, Milwaukee, WI 53211, USA. Phone: 414-273-1621, srfoundation@rediffmail.com

La Esencia de la Vida Espiritual

una guía que acompaña al que busca

Swami Rama

"El camino de la meditación y de la espiritualidad no significa retirarse del mundo por frustración o por miedo, sino que es un proceso hábil para aprender a estar en el mundo pero por encima del mundo. Se puede vivir en el mundo y sin embargo ser espiritual. No necesitas renunciar al mundo."

La colección concisa de las enseñanzas de Swami Rama sirve de guía práctica para el que busca la espiritualidad. La práctica espiritual lleva al aspirante hacia experiencias interiores de divinidad que le permiten alcanzar la meta de la vida.

Swami Rama, yogui científico, filósofo y humanista, era un profundo conocedor de las tradiciones espirituales de los Maestros del Himalaya. Era un libre pensador, guiado por su experiencia directa y su sabiduría interior. Sus Enseñanzas, universales y sin sectarismos, proporcionan un puente entre Occidente y Oriente.

ISBN 8-188157-07-4, $12.95, paperback, 152 pages

Available from your local bookseller or:
To order send price of book plus $2.50 for 1st book and .75 for each additional book (within US) (Wi.res. add 5.5% sales tax) to: Lotus Press, PO Box 325, Twin Lakes, WI 53181, USA; Toll Free: 800-824-6396; Phone: 1-262-889-8561 Fax: 1-262-889-246; lotuspress@lotuspress.com www.lotuspress.com

The Essence of Spiritual Life
a companion guide for the seeker
Swami Rama

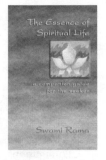

This concise collection of Swami Rama's teachings serves as a practical guide for the spiritual seeker. Spiritual practice leads the seeker towards inner experiences of divinity that further one towards attaining the goal of life. Swami Rama, yogi, scientist, philosopher and humanitarian, was deeply steeped in the spiritual traditions of the Himalayan sages. He was a free thinker, guided by direct experience and inner wisdom. His teachings are universal and nonsectarian, providing a bridge between the East and the West.

ISBN 8-190100-49-1; $12.95, paperback, 136 pages

SAMADHI
the Higest State of Wisdom
Yoga the Sacred Science, volume one
Swami Rama

Samadhi: The Highest State of Wisdom brings Patanjali's Yoga Sutras to life in a very personal and helpful way.

Swami Rama's description of the totality of the mind, the functions of the mind, and the emotions, goes far beyond the concepts of modern psychology, and provides insight into the intricacies of yoga psychology, making this an invaluable edition from the therapeutic viewpoint as well as its practicality as a guide for living a healthy, balanced life.

ISBN 8-188157-01-5; $14.95, paperback, 256 pages

Conscious Living
*A Guidebook for Spiritual
Transformation*
Swami Rama

This is a practical book for people living in
the world. The word "practical" implies
that the teaching can be practiced in the
world, in the midst of family, career and
social obligations. No prior preparation is
required for reading this book, and after
reading this book, no further teaching is
required. If one were to sincerely practice the teachings
presented by Sri Swami Rama in this book, one will surely
achieve the goal of self- realization, a state described by Swamiji
as the summum bonum of life, a state of bliss, a state of
perfection.

ISBN 8-188157-03-1; $12.95, paperback, 160 pages

Let the Bud of Life Bloom
*A Guide to Raising Happy and
Healthy Children*
Swami Rama

"Childhood is pure. If we impart good education to our children,
become selfless examples for them, and give them love, perhaps
they will grow and become the best citizens of the world. Then,
the whole universe will bloom like a flower."

In *Let the Bud of Life Bloom*, Swami Rama gives us relevant,
practical insights into forming the basis of a happy life through a
happy childhood. Through blending the best of our ancient
values with new inventions, children can grow into healthy,
creative adults.

ISBN 8-188157-04-X; $12.95, paperback, 102 pages

Available from your local bookseller or: To order send price of
book plus $2.50 for 1st book and .75 for each additional book
(within US) (Wi. res. add 5.5% sales tax) to: Lotus Press,
PO Box 325, Twin Lakes, WI 53181, USA; Toll Free: 800-824-6396
Phone: 1-262-889-8561; Fax: 1-262-889-2461
lotuspress@lotuspress.com; www.lotuspress.com